智元微库
OPEN MIND

成 长 也 是 一 种 美 好

How to Lead

The definitive guide to effective leadership
(6th edition)

P Pearson

框架领导力

如何让想法、团队和行动更成功
（原书第6版）

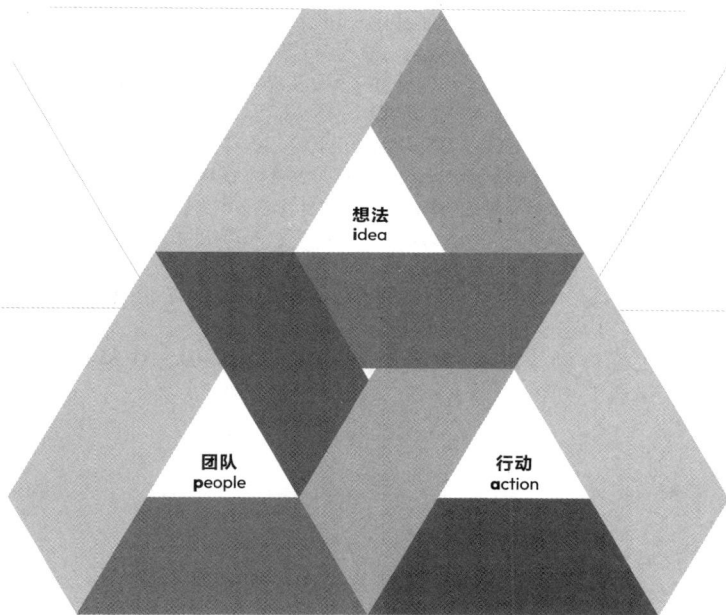

想法
idea

团队
people

行动
action

[英]乔·欧文（Jo Owen）著 / 李婷 译

人民邮电出版社

北京

图书在版编目（CIP）数据

框架领导力：如何让想法、团队和行动更成功：原
书第6版 / （英）乔·欧文（Jo Owen）著；李婷译. --
北京：人民邮电出版社，2023.9（2024.5重印）
　　ISBN 978-7-115-61692-0

　　Ⅰ．①框… Ⅱ．①乔… ②李… Ⅲ．①领导学 Ⅳ．
①C933

中国国家版本馆CIP数据核字（2023）第074816号

版权声明

◆　　著　　[英]乔·欧文（Jo Owen）
　　　　译　　李　婷
　　　责任编辑　刘艳静
　　　责任印制　周昇亮

◆人民邮电出版社出版发行　　　北京市丰台区成寿寺路 11 号
　邮编 100164　　电子邮件 315@ptpress.com.cn
　网址 http://www.ptpress.com.cn
　天津千鹤文化传播有限公司印刷

◆开本：720×960　1/16
　印张：17　　　　　　　　　　　　2023 年 9 月第 1 版
　字数：200 千字　　　　　　　　2024 年 5 月天津第 4 次印刷
　　　　　著作权合同登记号　图字：01-2023-1194 号

定　价：79.80 元

读者服务热线：（010）67630125　印装质量热线：（010）81055316
反盗版热线：（010）81055315
广告经营许可证：京东市监广登字 20170147 号

致　谢

　　本书的撰写是一次个人探索之旅，在这个过程中，我得到了很多新朋老友的支持，如果没有"以教为先"的伙伴们的激励，我甚至不会开始这段旅程。如果他们能成为未来的领导者，那便是未来之幸。

　　自 20 年前创建以来，"以教为先"已经成为英国最大的毕业生招聘机构，这是领导力践行的典范。我希望这本书能帮助所有"以教为先"的参与者在他们的领导之路上走得更远。

　　如果没有理查德·斯塔格（Richard Stagg）、埃洛伊丝·库克（Eloise Cook）和培生公司团队的倾力支持，我不会有勇气开始撰写这本书。

　　在研究"成为领导者"的过程中，我获得了许多人的支持。在"以教为先"和我的其他非政府组织中，大量的员工和参与者为检验本书的观点提供了鲜活的试验场。我也非常感谢那些通过视频采访、非正式交谈和问卷调查接受我访问的几千位受访者。过去五个版本的读者提供了实用的想法和具有挑战性的问题。感谢大卫·珀迪（David Purdey）对文字进行了"犀利"的编辑。我唯一的遗憾是，不能把所有素材一一呈现。

　　最后，感谢多年来与我合作的 100 多家组织。我从他们身上学到了很多东西，希望我也对他们有所裨益。

关于第 6 版

自本书的第 5 版出版以来，世界发生了改变。疫情使居家办公和混合办公（居家办公与办公室办公的混合模式）成为普遍现象。这使领导和管理朝着更好的方向变化。

当你进行远程领导时，一切都更加困难了。领导者在使用基本的领导力技能时必须目标明确且深思熟虑：当你看不到你所领导的员工时，对目标设定、激励、沟通、影响、绩效和工作量的管理都变得更加困难。如果你能领导一个远程团队，你就能领导任何团队。第 6 版将帮助你强化这些领导力的核心技能，并使它们更加适应复杂的混合办公模式。

办公模式的转变不仅对领导者所需技能的水平提出了更高的要求，更改变了领导者所需的技能本身。当你看不到你的团队成员时，进行传统的命令和控制管理是很难的。因此，你必须学会相信你的团队会做正确的事情，即使你看不到他们；你必须更彻底地授权，必须更信任你的团队。同样，他们也要能够信任你；你必须学会影响和说服别人，而不是告诉别人该怎么做。这些都是 21 世纪所需的领导力技能，它们已经"酝酿"了一段时间，疫情出现只是加速了它们的到来。

此前的五个版本都关注 21 世纪的领导力技能，并强化了对传统的领导力核心技能的应用指导。疫情暴发期间和之后的持续研究表明了这些技能如何应用于混合型工作的世界。而第 6 版已经彻底更新，以反映对混合型工作世界的研究，这是一个重大的变化。

本版的第二个重大变化是，它探讨了领导力的一个前沿领域：领导者的思维方式。经过多年来对领导者技能的关注，人们逐渐意识到，成功的领导者并不总是最富有技巧的。事实上，当人们慢慢成为领导者时，他们作为初级管理人员的任何微不足道的缺陷都会在聚光灯下被暴露和放大。

过去十年，我一直在研究领导者的思维方式。本版简要总结了这些研究。好消息是，你不需要搅乱思维，你只需要扬长避短。优秀的领导者都有七种积极的思维习惯（还有一种来自极端面的思维习惯）。学习这些思维习惯中的任何一种都相对容易，并且都可以为你带来改观。

和前五版一样，本版借鉴了横跨政府、企业和非营利性组织的原创研究。传统上，大多数领导力书籍都是基于企业的例子。这是一种严重的"短视"行为，作为八个国家级慈善机构的创始人（包括英国最大的毕业生招聘机构"以教为先"），我敏锐地意识到非营利性组织的领导者面临的挑战。与企业的领导者相比，他们需要掌控的资源很少，但这并不意味着他们的任务更容易完成。政府部门的领导者也不容易——巨大的限制和严格的审查只是他们面临的众多挑战中的一部分。每个组织都可以向其他组织学习。话虽如此，有效领导者所需的技能和行动在所有组织中都是一致的。领导力的原则放之四海皆准，但你在自己所处的情景中如何应用它们，却是独一无二的。

本书有一定的逻辑顺序，所以最好的阅读方式当然是按顺序阅读。但由于本书的结构核心是一些关键技能的构建，对于那些没有时间将它读完的忙碌的管理者，你可以随时选择自己喜欢的章节阅读。如果你只对某个章节有兴趣，也可以只看该章节。本书的每个部分都独立成章，内容自成一体。

读完这本书并不意味着你就能成为一名合格的领导者，但它可以帮助你把零星的领导经验梳理出结构，帮助你在纷繁的环境中理出头绪，帮助你提高学习能力。当你踏上领导者之路时，它可以为你提供一对一的指导。

前　言

领导力常常被笼罩在神秘之中，一说起领导者，我们总是想到一些伟大的人物，只有少数人能与他们比肩，而这些人便是值得我们为之效力的领导者，与这些伟大的人物相比，我们会觉得相形见绌。

当你试图定义如何在实际工作中成为一个好的领导者时，这种神秘感就更深了。我们都可以在日常生活中识别出一个好的领导者。但是，领导者各有范式，并非千篇一律。

一些学者和咨询顾问试图解开领导力的谜题，他们像逡巡的猎人，决定设计一只完美的捕食动物当作热身运动——一个人负责一个部位。结果设计出一只怪兽，这只怪兽拥有猎豹的腿、鳄鱼的嘴巴、犀牛的皮、长颈鹿的脖子、大象的耳朵、蝎子的尾巴和河马的脾气。然而这只怪兽轰然倒塌，因为没有哪种动物能够同时具备这么多特征。

这群人并未罢休，而是将注意力转向设计完美的领导者。这个完美的领导者具有以下特征。

- 富于创造，严于律己
- 深思远虑，无微不至
- 擅长激励，指挥老练
- 精于指导，敢于放权

- 雄心勃勃，虚怀若谷

- 脚踏实地，敢于冒险

- 嗅觉敏锐，条理清晰

- 智力超群，感情丰富

- 循循善诱，善于调控

这个"领导者"也不可能存在。

值得庆幸的是，领导者不必尽善尽美。我
们必须审时度势，因地制宜。北极熊是北极地
区完美的捕食者，但在塞伦盖蒂，它会成为其

领导者不必尽善尽美。

他捕食者的午餐。温斯顿·丘吉尔在和平时期政绩平平，但时势造英雄，在
战争年代，他名扬海外。由此可见，同一名领导者在不同的情况下会有完全
不同的结局。

《框架领导力》这本书讨论的是如何成为一名高效的领导者，而不是一
名完美的领导者。

寻找领导力的魔法

长期以来，人们一直在寻找领导力的魔法：我们都想找到神秘的魔法，
并将其用在自己身上，让自己成为闪闪发光的领导者。

为了完成本书，我做了20多年的研究，得到了数千人的支持。人们分
享了各自眼中的有效领导者形象，我对来自政府和小型、大型企业，以及非
营利性组织的100多名首席执行官（CEO）进行了深入的采访。如果有人
知道领导力的魔法，他们一定归属其中。我还回顾了40年来与100多家世
界上最优秀，以及一两家世界上最差的组织合作的经验，以了解领导力的

典范。

在过去的 15 年里，我考察了传统的社群，研究他们的领导方式，所到之处，从马里到蒙古，从北极经过巴布亚新几内亚到澳大利亚。在英国周边，我主导了牛津大学的一项关于英法领导力的研究，研究欧洲大陆与英国本土领导方式的差异。

不幸的是，我发现领导力并没有魔法。或者，也许有，但是人们讳莫如深。可喜的是，我发现了以下好消息。

- 每个人都可以成为领导者。我们访谈过的领导者有各种各样的风格，他们的成功各有范式。
- 你可以按照自己的方式"投骰子"。有些事情所有领导者都做得很好，它们并不能保证成功，但确实增加了成功的可能性。
- 你可以学会成为一名领导者。你不必成为别人——不必成为拿破仑或特蕾莎修女，你只须成为最好的自己。

本书展示了如何养成高效领导者的习惯，并将这些习惯融入自己的领导力风格。

揭开领导力的奥秘

领导力充斥着一系列具有重大意义的词语，例如愿景、价值观和正直；也充斥着炒作和谬误。在我对领导力的探索过程中，谜团渐渐消失。以下是关于领导力的常见问题，以及领导者给出的非常实用的答案。

- 可以通过学习成为领导者吗？
- 什么是愿景？

- 价值观在现实中有什么意义？

- 有缺点的领导者如何取得成功？

- 为什么一些伟大的人没有成为优秀的领导者？

- 领导者对他们的追随者有何期待？

- 是什么造就了一个好的领导者？

- 领导者仅仅是身居高位的人吗？

- 如何处理冲突和危机？

本书阐述的并不是领导力理论，而是在不同类型的组织中各级领导人员的集体智慧。无论你在哪里工作，本书都可以担当你的教练，帮助你成为一名高效的领导者。

寻找领导力

对领导力的寻找，始于一个简单的问题：什么是领导力？这个简单问题的答案众说纷纭，莫衷一是。大家都可以识别出好的领导者，却无法给出统一的答案定义。

我发现最有用的定义来自前美国国务卿亨利·基辛格（Henry Kissinger）："领导力就是带领人们取得他们自己无法取得的成就。"这似乎很简单，甚至显而易见，但它有很重要的含义，如下所示。

领导力就是带领人们取得他们自己无法取得的成就。

- 组织高层的人可能处于领导地位，但可能并不是领导者。他们可能只是传统组织中谨慎的管家。

- 一个组织中的任何级别都可以涌现领导者。领导力与资历或头衔无关，而在于领导者的行为。

- 领导者需要追随者。即使你比爱因斯坦聪明，如果没有人追随你，你也无法成为领导者。

如果试图定义领导力，我们就会发现资历和学历都不那么重要。快速浏览一下全球十位最富有的白手起家的亿万富翁的履历，你就会发现学历并不是成功所必需的。在 2022 年福布斯全球富豪榜的前十名富豪中，只有穆克什·安巴尼（Mukesh Ambani）攻读过 MBA 学位：他就读于斯坦福大学商学院，然后辍学。而前十名中的其他人：埃隆·马斯克（Elon Musk）从斯坦福大学辍学，比尔·盖茨（Bill Gates）从哈佛大学辍学，哈佛大学拒绝了沃伦·巴菲特（Warren Buffett）就读。你可能需要一点聪明才智，但你不需要一张纸来证明这一点。

如果领导力和资历或学历无关，那么一个好的领导者必须具备专业技能吗？通常来说，领导者有专业技能比没有好。但有的组织中的领导者，他们的专业技能可能并不突出，事实上随着升职，他们更多地出现在聚光灯下，弱点也变得更加清晰。正如领导者自己在我的访谈中认识到的：他们知道自己缺乏一些核心技能。如果他们不擅长会计，他们会聘请会计师；如果他们不了解法律，他们会聘请律师。对他们来说，领导力是一项团队活动。作为领导者，你不必什么都擅长，但你必须擅长某些事。

上述内容对任何想要成为领导者的人来说都是好消息。拨开关于领导力的迷雾，我有几个重要的发现。

- 你在组织内的任何层级上都可以成为领导者。
- 学历并不是成为领导者的必备条件。
- 成为领导者并不需要完美：所谓金无足赤，人无完人。

但是，我们仍然需要找到让领导者脱颖而出的原因。遵循夏洛克·福尔摩斯的原则，即当你排除了所有不可能，剩下的一定是答案。我们可以开始梳理关于领导力的真相。

IPA（想法、团队和行动）计划

我决定考察领导者的日常行为。他们和我们大多数人一样，日复一日地参加会议、与人沟通、处理危机、回复电子邮件和加班加点地工作。很难发现他们在一天中工作的模式。但是观察他们在一个月或一年内做了什么，很快就会发现，他们看似随机或按部就班地参加会议和处理信息，其实都有一个明确的目的。

最优秀的领导者只关注三个主要事项：想法、团队、行动。

首先是想法，所有级别的领导者都有一个非常简单的想法。所谓想法，如果说得冠冕堂皇一些，我们可以称之为战略；说得振奋人心一些，我们可以称之为愿景。在任何规模的伟大企业背后，都有一个伟大而又非常简单的想法，例如以下企业的想法。

> **最优秀的领导者只关注三个主要事项：想法、团队、行动。**

- 宝洁：打造一个伟大的品牌。
- 谷歌：制霸搜索。
- 脸书：连接朋友。
- 特斯拉：制造电动汽车。
- 快变（Shazam）：瞬间告诉你歌名。

每个想法可能都很简单，实现起来却很难。这个想法有助于集中每家公司的能力和资源，也为员工提供了清晰的目标和方向，并提供了在市场中切实可行的竞争和成功途径。这个想法不是公司的正式愿景、使命战略甚至战略意图（我们可以将文字解释权留给高层管理者和顾问）。这个想法在实践中是维系和驱动公司运转的核心。我们将看到每个级别的领导者如何提出一个适合他们岗位的想法。

其次是团队。领导力是一项团队活动。领导者通过他人成就事业。这意味着最好的领导者可以吸引、激励和授权最好的团队。作为领导者，你的优秀程度取决于你所建立的团队。不要假设你接手的团队是你未来需要的团队。你必须建立一个能够把你的想法变成现实的团队——这意味着要找到具有正确技能和正确价值观的人。

最后是行动。我发现，最好的领导者能很好地将噪声与信号区分开。在日常危机、冲突、下属随时可能提出的请求、工作中的挫折和意外等日常噪声中，人们很容易失去信号，忽视必须实现的目标，导致急事驱赶要事。最好的领导者会处理噪声，但更会确保他们可以抽出时间继续推进他们的想法——他们能够掂量轻重。

对于各级领导人，IPA 计划都非常重要，它是本书的基本结构。无论你身处怎样的级别，只要遵循 IPA 计划，你就有可能成为一个更高效的领导者。

领导力三支柱

IPA 计划很简单，但它只是领导力三大支柱之一。专注于领导者的行为不仅仅是关注表象。我们可以看到领导者在做什么，但我们必须更深入地挖掘他们能够如此高效地处理事务的原因。

领导力的第二个支柱来自询问人们对领导者的期望。在商业领域，人们经常调查消费者的需求；但是在领导力领域，人们很少这样做。人们的回答会带来启示。在你继续阅读之前，先思考一下你想从上司那里得到什么，以及你对每个级别的领导者的期望是什么。

如果你想成为一个吸引优秀追随者的领导者，你就应该知道追随者对你的期望是什么。人们期望领导者表现出一系列特有的行为。这不是期望你去做什么，而是期待你的为人。

> **人们期望领导者表现出一系列特有的行为。**

以下是最被期望的高层领导者的关键行为。

- 能够激励他人
- 心怀愿景
- 诚实正直
- 处事果断
- 能够处理各种危机

没有出现在清单上的内容，诸如管理技能高、可靠、高智商、雄心壮志、关注细节、计划和组织能力强也同样值得思考。随着领导力探索之旅的展开，我们将探索人们所期望的领导者行为的真正含义。我们还将发现如何有效地展示这些行为。

至此，胜利似乎近在咫尺。但这份清单看起来不太正确。我们对中高层领导者的期望并不一定与我们对新晋领导者的期望相同。领导力研究项目的数千名志愿者证实了这一猜测。他们期望的新晋领导者的行为与他们期望的中高层领导者的行为完全不同，如表 i.1 所示。

表 i.1　对各级别领导者的行为期望

高层领导者	中层领导者	新晋领导者
心怀愿景	能够激励他人	努力工作
能够激励他人	处事果断	积极主动
处事果断	行业经验	高智商
能够处理各种危机	建立人际关系能力	为人可靠
诚实正直	授权	雄心壮志

我们将在本书中探讨这些行为的含义及习得方法。在这一点上需要注意的是，生存和成功的规则会随着你事业的发展而变化。首先，你需要具备努力工作和为人可靠等品质。拥有这些品质就像跨栏，栏虽不高，但很多人无法跨越。在最开始，只要达到基本要求，你就可以取得成功。

当你晋升到下一个级别时，风险也随之而来。通过晋升，你学到了一个基于努力工作、为人可靠和积极主动的成功公式。你自然地去坚持你的成功公式，并加倍努力。于是灾难降临了。当你成为中层领导者时，你需要不同的技能。你不再是球场上跑动和铲球的球员，你是一旁的教练，你的职责是挑选、训练和指挥最好的球队。这是一个完全不同的技能，你需要去学习它。

在探索职业生涯的高峰时，你的视野会发生变化。渐渐地，你不再看到山脚下的日常细节——你会从更高和更长远的角度看待重要的事情。反过来这也意味着你需要学习新的技能和行为。

优秀的领导者总是在学习和适应，而普通的领导者墨守成规，后者很快就会发现自己停滞不前。学习意味着尝试新的工作方式，做新的事情，这不可避免地会带来遭受挫折的风险；也意味着优秀的领导者需要有勇气去尝试，当遇到挫折时，他们需要靠韧性来应对挫折。优秀的领导者不惧怕"失败"这个词，他们把每一次失败都看作学习和变得更强大的机会。

不断学习和成长的必要性揭示了本书所基于的第三个领导力支柱。行为并非无源之水，行为与思维方式紧密相连。在过去的 5 年里，我研究领导力的重点是，能成为优秀的领导者的人是否思维方式与众不同？

> **行为并非无源之水，行为与思维方式紧密相连。**

很明显，存在一些独特的领导者的思维方式。它们就像技能和行为一样，是任何人都可以学习的东西。成功的七种思维方式如下所示。

- 积极进取，不消极沉沦。
- 仰望星空，志存高远。
- 相信自己。
- 保持学习，不断成长。
- 勇敢尝试，加速职业进程。
- 不畏艰难，坚持到底。
- 有选择地保持冷酷。

在正常的状态下，我们都能展现出这样的思维方式。而优秀的领导者，无论事业顺利与否，都能一如既往地保持这些思维方式。他们比我们中的大多数人更进一步——他们愿意承担更大的风险，做好准备保持冷酷，比我们更积极进取。本书第 6 部分探讨了他们如何培养这些思维方式。

领导力的本质

1. 每个人都可以学会领导，并且更好地领导：你不必是天生的领导者。领导力是建立在每个人都能够且应该学习的技能之上的。无论榜样是好是坏，你都能有所借鉴。永远不要停止学习。

2. **没有领导者是完美的**：没有尽善尽美的领导者。不要追求完美，但要努力上进，增强你的优势。

3. **在任何层级你都可以进行领导**：领导力和工作表现有关，和职位级别无关。只要你能带领其他人取得他们自己无法取得的成就，你就是在领导他们。

4. **以你的优势为基础**：所有领导者都有独特的优势，让自己在正确的背景下取得成功。发挥自己的优势，弥补劣势。

5. **领导力是一项团队活动**：不要试图孤军奋战。与那些拥有不同优势的人一起工作，会弥补你的劣势。

6. **有所作为**：不要安于现状。领导者能够推动自己和他人不断取得成就，跨越自己的舒适区，提升自己的同时推动组织的发展。

7. **找到适合你的环境**：在一种环境中成功的领导者在另一种环境中可能会失败。找到合适的环境，充分发挥你的特长。

8. **资历越深，交际能力和政治管理能力就越重要**：在初级岗位，具备专业技能就很有可能获得晋升。但职位越高，你就越需要掌握人际关系管理和政治管理的能力。

9. **在组织的不同层级，领导规则会发生变化**：在一个层级上取得的成功并不会保证下一个层级的成功。人们对领导者的期望会发生改变——你要了解这些期望，并不断学习新技能以满足新的期望。

10. **承担责任**：你要对自己的表现、职业生涯和观点负责。

学会如何领导

描述领导力是一回事，学会它是另一回事。很多时候，领导力被商业巨头和历史伟人夸大了，它对普通人没有帮助，也并不实用。我们不可能都成为成吉思汗或史蒂夫·乔布斯，即使我们想这样做，一个充满个人崇拜氛围的公司也会让人待不下去。

所以，你无法通过成为他人获得成功。但同样，你也不能我行我素。如果你像被荷尔蒙控制的青少年一样无所事事，那么等待世界认识到你与生俱来的天赋、人格魅力和才华，你很可能需要等待很长时间。

> **你无法通过成为他人获得成功。**

如果成功不是要你成为别人，也不能只做你自己，那么成功的道路是什么样的呢？那就是成为最优秀的自己。我们采访过的所有领导者都很清楚，他们通过建立自己的优势取得了成功。每个人都有弱点，但克服弱点并不是成功的秘诀。没有多少奥运会运动员通过专注于自己的弱点而赢得金牌，同样没有多少领导者通过关注自己的弱点而取得成功。你不需要成为别人，你只须成为最好的自己。发挥你的优势，避开你的弱点。

这本书是你的领导力之旅的向导。它侧重于许多有助于区分有效和不太有效的领导者的实用技能。它并不能保证你成功，但会增加你成功的概率。

> **它并不能保证你成功，但会增加你成功的概率。**

关于领导力是否能通过学习获得，一直存在一些争论。如果答案是肯定的，那么该如何学习呢？幸运的是，就像我们都可以学习演奏乐器或运动一样，每个人都可以将自己的领导力提升到一定程度。也许我们最终不会成为最伟大的音乐家、运动员或领导者，但至少可以成为更好的人。

"领导者是天生的，而不是后天培养的"这种说法令人震惊。这种论调经不起检验，因为"富不过三代"的理论一再被验证。

宿命论相信领导者是天生的，而不是后天培养的。如果是这样，不妨在每个人开启职业生涯时给他们做一个 DNA 测试，让测试的结果决定他们的命运。在实践中，我们可以帮助每个人提高他们的领导潜力，唯一的问题是如何做到。为了解答这一问题，我们询问了参与访谈的领导者是如何学会领导他人的。我们让他们从以下六种方式中选择两种学习方式。

- 书籍
- 课程
- 同事
- 老板（包括成功经验和失败教训）
- 榜样（工作中和工作外）
- 经验

在查看结果之前，你可以想想哪两种学习方式对你来说最重要。在对全球成千上万的高管提出了同样的问题后，得到的答案出奇地一致。没有人声称自己主要从书籍或课程中学习领导力。对于著书立传或者开办培训课程的人来说，这可能是个坏消息。人们要么直接通过自身经验学习，要么从周围人的经验中学习。这是我们获得的最有价值的结论。

但从经验中学习的问题在于，经验具有随机性。如果你很幸运，你会遇到好的上司、同事和领导者。如果你运气不好，你会遇到糟糕的上司、同事和领导者。你可以希望你是幸运的，但运气不是一种策略，希望也不是一种方法。

运气不是一种策略，希望也不是一种方法。

　　你需要掌控你的领导力之旅。这就是书籍和课程的帮助所在。将这本书从头看到尾，并不会让你变成领导者——这也不是本书的出发点。但是本书会帮助你了解你的经历，从中消除一些随机性，并帮助你在你的领导力之路上快速前行。本书为你提供了框架，以支持你从经验中学习：你可以在此基础上构建成功之旅。

目　录

第 3 部分

行动：实现目标

第 4 部分

成功需要的技能：领导者的知识与技能

第 5 部分

成功需要的技能：21 世纪的领导者

第 6 部分

最后一块拼图：提升你的内在修为

第 1 部分

想法：设定你的方向

我们的旅程始于一个想法：不是任何想法都行，而是你对未来的愿景。一旦拥有愿景，你就有了你的北极星，它可以为你导航，让你集中精力，塑造你的团队，并赋予你与众不同之处。最伟大的领导者拥有最伟大的想法。无论你是何人、身居何职，你都可以有一个独特的想法，并以此推动团队前进。一个好想法可以成就你的领导力之旅。

第 1 部分展示了一个好的想法所具有的力量——它能将领导者与管理者区分开，以及指导你形成对未来愿景的构想，无论你现在扮演的是什么角色。但仅有一个想法是不够的，你必须证明它是和现实相关、值得为之努力且可以实现的。你必须向你的团队、老板和同事传达和"推销"这个想法。你必须知道如何将这个想法与你所在组织的战略结合在一起，这意味着你要完美地驾驭战略世界。

在第 1 部分结束时，你应该能够定义、评估和"推销"你的想法，而想法也将决定你的未来。

第 2 部分和第 3 部分将展示如何通过一个伟大的团队将想法变为现实，以及如何掌握在复杂的世界中行动的艺术，如何开展工作。

第 1 章

掌　控

任何领导者的首要任务都是掌控一切。作为一个管理者，你很容易掌控一切。上级任命了你，你有预算，也有下属向你汇报工作。你可能还接手了一套制度，它可以帮你管理绩效、预算和进度。要进行有效管理，你只须管理你从上任那里接手的人员、计划和系统即可。

但这本书不是关于管理，而是关于领导力的。要想成为领导者，你需要更高层次的掌控。

作为管理者，掌控现有业务就足够了。作为领导者，你必须把业务带到不同且更好的地方。维持现状或逐步改善你所接手的状况没有错——这是所有管理者都必须做到的。但是，作为领导者，你的任务不只有管理。与其维持过去的业绩，不如为未来创造业绩。这使得变革成为领导力的核心。

判断一个领导者是否优秀，要看他能否带领他人取得他们自己无法取得的成就。无论是领导一个像谷歌这样的巨型组织，还是一个由五六个人组成的团队，都是如此。你必须清楚如何做出改变。你必须创造一个与众不同的、更美好的未来。

你必须创造一个与众不同的、更美好的未来。

对如何创造更美好的未来有一个清晰的想法听起来很简单，但它经常迷失在日常的琐碎工作中。我们可能想改变世界，但此刻客户在电话那头尖叫，月底结算必须在两小时内完成，还要准备一份报告，处理 100 封电子邮件。作为领导者，你必须应对日常的任务，但永远不要忽视你想要实现的伟大目标。

想想你目前的位置。一两年后，你的领导力会有什么不同？当然，你需要应对各种预算和业绩目标。如果你是一个高效的管理者，你会实现这些目标；如果你运气不好，你可能会在其中挣扎。但在其他人的回忆和评论中，除了目标的达成，事情还有何不同？有没有变得更好？

做出改变确实很困难。在领导力培训课堂上，作为课堂练习，我要求学员们说出自上次世界大战结束以来每个英国首相或美国总统的名字。然后，我要求他们回忆每个领导人所做的一件事，当然不包括他们参与的对外战争。

结果有一些惊人的发现。这些多年来一直主导媒体的伟大领导人中的大多数都很难被人们记住。他们中只有两个人被人们记住了：艾德礼建立了福利国家制度，撒切尔创造了撒切尔主义。甚至和平时期的丘吉尔也完全被人遗忘，一位首相（道格拉斯－霍姆）是如此籍籍无名，以致无人提及。根据历史记载，他是在麦克米伦之后的首相。

被人们记住的两位首相非常清楚他们想要如何改变这个国家——他们成功了。他们在自己的任期内改变了国家。

现在把首相测试应用到你自己身上。你会给人留下怎样的印象？要让人们铭记你是一件很难的事情，更不用说感谢你了。回想一下你曾经遇到的各种老板和 CEO。他们做出了什么改变，你为何能记住他们？很大可能是，你记得他们是什么样的人，但不记得他们做了什么。你会记得他们的言谈举止，而不是他们是否节约了 7% 的预算。

如果你想要的仅仅是管理，那么在你接任的职位上寻求改进就够了，这本身也是一项艰苦的工作。但如果你想成为领导者，你必须有所改变。你需要一个能让别人注意到并记住的想法。正如我们将在下一章中看到的那样，一个令人信服的想法将帮助你和你的团队取得更好的业绩。

如果你想成为领导者，你必须有所改变。

第 2 章

为什么你的想法很重要

你需要一个令人信服的愿景，原因有五个。

1. 提高你成功的上限。

2. 掌控你的业务或团队。

3. 树立明确的优先级意识。

4. 给你的团队带来希望和目标。

5. 证明你正在做出改变。

提高你成功的上限

雄心决定成功的大小。除非寄希望于运气，否则你不太可能取得比你计划中更多的成就。但希望不是方法，运气也不是策略。你的雄心是由你的想法定义的。如果你的想法是减少在办公室里使用回形针，你总会成功实现这一目标；如果你的雄心壮志是建立一家新企业，这就大大提高了你的成功上限。通常，最好的想法都是简明而又宏大的。例如，付费搜索（谷歌）、与朋友在线联络（脸书）或廉价飞行（瑞安航空）。这些都是非常简明的想法，但拥有这些想法的企业已经借此建立了全球商业帝国并实现了财富自由。与所有伟大的想法一样，它们可能易于表达，但真正的挑战在于将它们变成现实。任何伟大的想法都面临巨大的障碍。当谷歌成立时，它面临一些与传统机构的激烈竞争。但最大的障碍并不在于市场，而在于我们的头脑。每个人都有关于自己未来成就和地位的梦想。但在我们鼓起勇气将想法变成现实之前，梦想仍然是白日梦。本书将向你展示如何塑造你的想法，然后将其变为现实。

当你敢于挺身而出时，生活就会改变。大人物会全力参与伟大的想法，他们可能支持或反对你的想法，但至少他们参与其中，知道你的存在。奇怪的是，"推销"一个大的想法往往比"推销"一个小的想法更容易。小的想法往往会陷入无休止的委员会审查，并将因细节而失败。大的想法的成败取决于高层管理者的支持与否，他们不会追究细节。伟大的想法将推进你的职业生涯：成败皆是如此。即使一个想法失败了，你也会学到很多东西，并接触到高层领导者的真实思考方式和行动。

伟大的想法将推进你的职业生涯：成败皆是如此。

敢于梦想，再敢于行动。

掌控你的业务或团队

我们已经知道，作为领导者，你的首要任务是掌控一切。如果你负责一个团队，但没有明确的计划，那么你就不能掌控一切，就要被动地接受上级安排的各项新的任务。面对繁复目标和繁杂事项，你只能被动应对。

一旦清楚地知道自己想要如何做出改变，你就可以设定自己的目标并进行掌控。你可以重建团队，以便通过适当的技能组合发挥作用。你可以设置优先级并分配资源。你可以决定需要更改的内容以及团队如何工作。你不再在公司的日常琐事中随波逐流，而是开始朝着自己选择的方向前进。一切尽在掌控之中。领导与随波逐流的区别就在于掌控与否。

掌控不是微观管理：如果你控制的是复印机的使用权限，你可能选错了控制的对象。微观管理经常被软弱的管理者当作真正领导力的替代品。它给人一种掌控全局的假象，这样管理者就不必冒险去决定工作的重点与方向。掌控意味着设定方向，建立团队，然后授权和支持团队去实现目标。不要纠结于"复印机的控制权"，要专注于重要的事情。

树立明确的优先级意识

有多少人认为他们的目标太少、太容易实现？不多。工作的世界没有"变得更简单"。随着公司的精简化与扁平化，公司内部的领导者承受着更大的压力。他们需要处理相互冲突的目标：完成自上而下的目标的同时，与其他部门的同事进行协作并偶尔与之竞争。

大多数人都能应对压力，有些人还能在压力下茁壮成长。但很少有人能长期很好地应对焦虑。压力和焦虑的区别在于掌控——当我们必须实现一个目标时，如果我们掌控了自己的

> 压力和焦虑的区别在于掌控。

命运，那么我们就可以迎接挑战。现在试着放弃掌控：将实现目标依托于他人，老板和同事很有可能在最后一分钟提要求，突然被人移除了一个关键资源，发现截止期限被随意修改，于是我们失去了对命运的掌控，我们的焦虑程度会垂直飙升。

一旦有了一个明确的目标，你就开始获得控制权。你有一个底线，可以对不重要的工作说"不"，把时间和精力集中在那些最重要的事情上。没有人拥有 100% 的控制权，但这不应该成为反对尝试掌控的论据。在一个无穷

无尽、模棱两可的世界里，我们需要获得尽可能多的清晰度。如果我们没有想法，也没有目标，那么我们就没有清晰度或控制权。你的目标是使你获得某种控制权的第一步。

给你的团队带来希望和目标

当我们问受访者，他们希望从一个好老板那里得到什么时，我们也得到了很多关于是什么造就了一个坏老板的反馈。造成受访者在工作中分心的一件事是老板无法做出决定并总是改变主意。这对团队来说是非常令人沮丧的，因为它意味着不确定性、混乱和无休止的返工。每当领导者改变主意时，团队都要进行返工，这是对团队方向认知不明确造成的。追随者想要一个有明确方向感的领导者。他们渴望相信自己正在为更美好的未来而努力——他们期望领导者为他们的工作带来希望，并提供清晰的目标。

世界正变得越来越复杂，也有很多关于"管理复杂性"的讨论。你需要变得聪明并努力管理复杂性。但是，你需要更加聪明地从复杂性中创造简单性，以创造团队渴望的清晰度和重点。如果你对自己想要实现的目标有清晰的想法，你就可以创造出你的团队想要的清晰度。

证明你正在做出改变

回想一下首相测试。所有的首相都认为自己正在做出改变，并将名垂青史。但是他们做出的改变并没有引起人们的注意。如果你想被视为领导者，你必须让人看到你做出的改变。这是一个艰难的考验。我们所有人都相信自己做出了改变，但谁会相信我们呢？要想验证你是否在做出真正的改变，请尝试回答以下问题。

- 比我高两级的老板会注意到我在做什么吗？
- 其他部门的同事是否认为我在做出改变？
- 十年后，我将如何回忆这一年？

请放心，仅靠达成关键绩效指标（KPI）或将预算目标节约百分之几都无助于通过这些测试。

即使在最高层，领导者也需要向董事会、股东和客户讲述一个简单的故事。没有人记得住 80 页 PPT。我们来做一个测试，请回答以下企业背后的简单想法是什么：谷歌、微软、劳斯莱斯汽车、历德（Lidl）廉价连锁超市。毫无疑问，它们都有庞大而详细的战略和规划文件，但这些都是由一个个非常简单的想法驱动的。

- 谷歌：付费搜索。
- 微软：制霸桌面操作系统。
- 劳斯莱斯汽车：豪华驾驶。
- 历德廉价连锁超市：通过扩大规模和限制商品种类实现低成本零售。

这些企业通过坚持一个想法而成为各自行业的翘楚。这就是一个好想法的力量。但同样，想法也可能毁灭企业。乐购通过在伦敦以外的地区建立大型零售商店降低成本，成为英国市场的领头企业。但它一直在努力对抗历德和奥乐齐（Aldi）等价格更低的竞争对手的夹击，这些竞争对手的商品种类更少（每家2000 ~ 3000 种，而乐购为 30000 ~ 40000 种）。甚至微软也面临风险，因为随着移动计算技术的发展，安卓这类免费操作系统提供了可替代的选择。毕竟，与免费操作系统竞争是非常困难的。

第 3 章

形成你的想法，构建完美愿景

也许给领导者的最糟糕的建议是"要紧的事优先办"。这意味着我们要优先处理眼前的问题。这听起来很实用，但事实并非如此。这是救火、处理危机以及无休止地应对日常管理中的所有噪声和混乱的方法。领导者如果用这种方式工作，通往未来的道路就有很大的随机性。你对发生的任何事情都做出反应，最终你会前往何处？仅仅随波逐流吗？

当下的现实当然会制约你，但也为你提供了机会：你必须应对它。但你要做的不仅是对事件做出反应，你还必须让事情朝着你的目标发展。

你的愿景

作为领导者，你的出发点是想象你的愿景。来做一个练习，想象一下你希望你的团队、你的世界和你的角色在三到五年后是什么样子的。不要被你今天拥有的东西所束缚——弄清楚你真正想要的东西。尽可能详细地描述你的愿景：你将要做什么；你的团队会是什么样子的；你会取得什么成就，以及会有什么不同。如果你的愿景看起来和今天差不多，说明你要么已经成为你理想中的角色，要么没有把自己拉得足够远。

一旦你知道自己的愿景，你就可以从那里开始工作了。比起"要紧的事优先办"，从终点开始更重要。如果你不知道自己要去哪里，你就不太可能到达那里。

当你想象自己的愿景时，你可能会有很多事需要做。但在这些事中，可能有两三件事是真正重要的。专注于这些——首先弄清楚如何完成大事，然后慢慢进入更多细节。不要从一开始就被细节淹没。这个愿景将是你的路标，它会告诉你优先事项应该是什么、你应该关注什么，以及你需要什么样的团队和支持。它还会告诉你应该少做什么，或者应该授权什么。通过将主要与次要分开，它将成为一个非常有用的时间管理工具。

你的愿景必须足够简单，以便与股东、受托人、员工、供应商和客户解释。他们还有其他事情要操心，比如抵押贷款、购物、账单、假期和周末。在他们的世界里，你的愿景的重要程度可能和购买猫砂差不多。让人们注意到你的愿景是很困难的事，更不要说为你实现愿景了。

> **你的愿景必须足够简单，以便与股东、受托人、员工、供应商和客户解释。**

随着世界变得越来越复杂，变化越来越快，指向简明的必要性也越来越受重视。在实践中，从复杂性中创造简单性需要天赋或勇气。现在，是时候看看那些在实践中有效的愿景了。一个好的愿景能让每个人都清楚地知道他们要去哪里，他们应该或不应该做什么。这些愿景可以有多种形式和实现方式，以下是三个示例。

- 红箭飞行队：完美的表演。
- 瑞安航空：低成本航空公司。
- 美国国家航空航天局：人类第一次登月。

这些愿景简单到不能再简单，其中的道理也显而易见。这些愿景点明了要点。在这几个例子里，正是简单的愿景推动了组织的发展。

红箭飞行队

红箭飞行队是英国皇家空军（Royal Air Force，RAF）的空中展示队。他们有一个清晰的愿景——呈现完美的航展。他们不会试图与其他航展团队竞争。他们成功的唯一标准就是完美。

对完美的追求渗透到他们所做的一切，从仔细选择团队成员到计划每个任务，再到事后对每个任务的详细汇报，他们不断地探索需要做些什么来达到完美。他们的目标完全清晰，他们能专注于对他们来说重要的事情。

瑞安航空

航空公司有很多竞争方式：机上服务、会员服务、便利的时间表、航线网络、伸展空间、机上娱乐、食品和饮料质量、机场休息室、卧铺、准点率、机场选择、衔接度等。瑞安航空的创始人迈克尔·奥利里（Michael O'Leary）对所有这些竞争挑战都有一个简单的回应：低成本、低成本、低成本、低成本、低成本、低成本、低成本、低成本、低成本、低成本、低成本和低成本。这非常简单、非常有针对性、非常有效。每个人，包括客户，都明白这对他们来说意味着什么。一切都围绕低成本展开。

- 飞机：只选择一种型号，最大限度降低成本。
- 营销：不找旅行代理商，最大限度降低成本。
- 售票：电子确认，省去昂贵的纸张费用。
- 准点：提高机群使用率，最大限度降低成本。

- 机场：使用二线机场，降低飞机起降费用，提高转机速度。

作为一家低成本航空公司，瑞安航空的市场和商业模型都与传统航空公司不同，并且有能力在低成本航空公司市场的激荡中生存下来。相比之下，传统航空公司的员工会因服务不同市场的客户（预算受限的旅行者和高级商务旅客）而感到困惑，因为不同市场的客户具有不同的信息和需求。这种差异对所有人来说都是显而易见的：在英国航空公司，你总可以看到穿着西装的商务人士，而这样的穿着在瑞安航空很少见。

30多年来，瑞安航空一直坚持这一理念，并因此成为欧洲规模最大的航空公司。在疫情暴发的前一年，即2019年，它拥有超过1.49亿名乘客。但任何想法都可能受到挑战，例如，竞争对手提供更便捷的机场和更好的服务。因此，瑞安航空迈出了激进的一步——试图提升客户服务质量。用迈克尔·奥利里的话来说："我必须承认，对我来说，这是一次全新的经历。但如果它能很好地发挥作用，我希望我能更早地为客户提供更优质的服务。"

即使是最优秀的想法也不是永远有效的。适者才能生存。

> **即使是最优秀的想法也不是永远有效的。适者才能生存。**

美国国家航空航天局

1962年，肯尼迪总统承诺在十年内将一个人送上月球，并让他安全回到地球。这是一个经典的愿景——它创造了一个简单、清晰和引人注目的目标，并让整个国家为之努力。为了完成任务，他创建了美国国家航空航天局（NASA）。尽管当时没有人知道这是否可行，但这个想法引人入胜并最终成功实现。NASA自登月以后发生的一系列事件，向我们展示了想法的力量。

NASA 的想法经历了一些成功（把哈勃望远镜送上太空）和一些失败（挑战者号爆炸），但它已经偏离了最初的重心，丧失了原有的动力。

你可以用 "RUSSIA" 标准检验一下你的愿景有多大力量。

- 相关性（Relevant，R）：你的愿景是否与你的需求相关？当时美国面临太空竞赛的失败，因此肯尼迪的愿景非常重要。

- 唯一性（Unique，U）：你能把你的愿景（"成为世界级"）应用到另一家公司吗？如果能，那就不是好的愿景。NASA 的愿景是独一无二的。

- 简单性（Simple，S）：如果没有人能记住你的愿景，就没有人会为之奋斗。50 多年后，肯尼迪的愿景依然具有强大的吸引力，也依然令人印象深刻。

- 延展性（Stretching，S）：领导力就是带领人们取得他们自己无法取得的成就，这说明愿景能够帮助人们拓展自己。NASA 的愿景正是带领人们到达他们自己无法到达的地域。

- 个体性（Individual，I）：为了实现愿景，你是否清楚每个人都应该做什么？NASA 的简单愿景给了每个人一个非常明确的方向，让他们知道自己应该做什么，以及他们应该关注什么。

- 可行性（Actionable，A）：你的愿景必须是可操作的和可衡量的——它应该帮助员工确定优先事项，并明确他们应该做什么和不应该做什么。

按照 "RUSSIA" 标准来检验一下你的愿景，结果如何呢？

第 4 章

传递愿景

你有了一个愿景，该如何将它传递出去呢？如果你准备打开 200 页的演示文稿，你不太可能成功。用点句式的演示文稿来折磨你的团队并不可取。同样，如果你站在办公桌上，宣布"我有一个梦想……"，你的团队可能会悄悄地为你安排精神科医生。

幸运的是，你不需要成为像伯里克利（Pericles）、丘吉尔（Churchill）或马丁·路德·金（Martin Luther King）那样的伟大演说家。你需要做的就是讲一个故事，我们都可以做到。故事很简单，分为以下三个部分。

1. 目前我们所处的位置，也是我们必须改变的原因。

2. 我们要去向何方，这对大家有什么意义。

3. 我们如何实现目标，需要大家做什么。

这些是非常简单的东西，且越简单越好。在当今世界，我们面临过多的选择，由此产生的复杂性和混乱是我们无法突破的障碍。一个好想法是清晰明了的，并能帮助各级人员做出更好的决策。

> **一个好想法是清晰明了的，并能帮助各级人员做出更好的决策。**

有不少 CEO 喜欢阅读公司简讯和年度报告，里面通常有很多讨好他们的照片：他们威严地坐在办公桌后面，活力四射地出现在公司活动现场，威风凛凛地和皇室或政府部长站在一起，或者落落大方地出现在公司颁奖典礼上。一般来说，公司简讯的作用是让 CEO 确信他们是公司中举足轻重的人物。

现在，回想一下你开始工作的时候。你多久阅读一次公司简讯或愿意相信其中所写的内容？可悲的是，一些 CEO 仍然认为，写几篇优雅的文章、几封鼓舞人心的电子邮件，或者开一场豪华的会议并大张旗鼓地拍一段视频就能让新的愿景深入人心。真的是这样吗？请三思。

传递愿景是一对多沟通和一对一沟通的组合。

一对多传递愿景

要想成功地传递愿景，需要考虑三个要素。

- 简单且一致的信息
- 不断重复
- 采用多种沟通方式传递

请你回顾成功的愿景，它们都可以用一句话或一个短语来概括。如果你有一个巧妙却复杂的愿景，请将它扔掉。只有让愿景变得简单，别人才有可能记住它。

不断地重复愿景别人才会记住。

不断地重复愿景别人才会记住。

不断地重复愿景别人才会记住。

不断地重复愿景别人才会记住。

不断地重复愿景别人才会记住。

不断地重复愿景别人才会记住。

不断地重复愿景别人才会记住。

不断地重复愿景别人才会记住。

不断地重复愿景别人才会记住。

不断地重复愿景别人才会记住。

不要试图含蓄。英国某著名的洗涤剂品牌的广告词没有变化：要美白，用"××"。这个广告词并不晦涩，至少人们记住了这个信息。即使你已经向同一个群体多次传达自己的愿景，也不要指望你可以继续传递其他信息。你能做的，只有继续重复这个愿景。

使用多种沟通方法。有些方法很简单——新闻简报、电子邮件、公司大会、会议、培训活动、网站和亲民活动都有机会成为传递愿景的载体。你对愿景谈论得越多，你收到的挑战和反馈就越多，你就越善于传达愿景，并可以游刃有余地应对各种类型的听众。

赞扬成功和奋斗的故事。当你发现有人沿着你所构建的愿景做出了成绩时，你要在公开场合认可他们、赞扬他们。

一对一传递愿景

归根结底，发挥领导力需要事必躬亲。你不能通过遥控器完成对他人的领导。正如约翰·勒卡雷（John le Carré）所写："从办公桌观察世界是非常危险的。"对于领导者和间谍都是如此。你需要创建一个信仰你的愿景的团队和人际网络。显然，你的团队需要认同你的愿景。如果他们不认同，他们就需要离开。一支相互对抗的队伍不太可能取得成功。

此外，你需要加入组织中特定的非正式关系网络，从中了解组织中的小道消息。仅仅依靠宽带媒体传输信息是不够的。

你需要与非正式关系网的代表接触和交流。在不同的场合与不同的人接触时，你可以自然而然地与这些人交往。

在实践中，有少数人通过非正式关系网络对组织产生的影响，与他们在正式职位上产生的影响完全不成比例。他们可能会经营一个社交俱乐部；他们可能是那些曾经多次见证一切的资深员工，经常看到 CEO 走马换将。这些人可以散布谣言，也可以传播希望。因为他们在正式的组织层级之外，所以他们是受人信赖的；因为他们有广泛的人际网络，所以他们很有影响力。他们是建立非正式关系网的人，如果他们说新的愿景很有前途，人们就会相信他们的话。

一位 CEO 回顾了他任期的前 3 年，他估计自己把超过一半的时间都花在了传递愿景上。人们不会轻易相信你的愿景。如果你花了 6 个月来构建和优化你的想法，不要指望他人在 45 分钟的演讲中就能真正理解它。你必须坚持不懈，创造各种机会来传达你的愿景。

改革鞋匠：传达服务理念

约翰·廷普森（John Timpson）创立了一家由 650 家鞋类修理店组成的连锁店。修鞋业可能是最枯燥乏味、最微不足道和最没有前途的行业之一，但他的业务取得了成功，他的员工为成为他公司的一员而感到自豪。

为了取得成功，廷普森意识到客户服务的重要性不亚于修鞋业务本身。良好的服务意味着更多的客户。"良好的服务"这个看似简单的想法，推动了他的整个业务。他意识到，雇用性情温和的人并培训他们修鞋，比雇用脾气暴躁的鞋匠并将他们培养成和气的服务型员工更容易。他意识到他需要开展一场变革。

他要求区域经理根据服务能力而不是技能来选择员工。一开始，区域经理不太理解，他们仍然雇用传统的鞋匠，不过是脾气不怎么暴躁的鞋匠。最终，廷普森修改了招聘评估表。他删除了所有的文字，只留下了表格。表格一侧是整洁先生、快乐先生、敏捷先生、聪明先生和可靠先生；另一侧是混乱先生、迟到先生、撒谎先生和懒惰先生。

区域经理必须对每个应聘者进行归类。这种招聘方式不会招到多元化的人才，但它很有效。区域经理明白了上司的用意，开始雇用合适的人选。廷普森淘汰了传统的鞋匠，通过招聘高素质员工并提供优质服务赢得了客户的满意，从而留住了客户。

第 5 章

"推销"你的想法

如果你想成为领导者，你就必须"推销"自己的想法。职位越高，你就越像一名销售人员。你会发现，你必须向你的团队、同事、老板和公司内外的利益相关者"推销"你的想法、愿景、优先事项和解决方案。知道如何"推销"你的想法是很重要的。

"推销"你的想法有三个关键点。

1. 倾听。

2. 做好准备，提出问题。

3. 明确你的想法。

倾听

我们都会有了不起的点子，尤其是酒过三巡后。但事后冷静回想，这些想法大多会烟消云散，就像吸血鬼逃离黎明一样。对任何愿景的第一个考验都是"是否有其他人愿意相信并准备支持它"。那么，你该如何取得团队的支持呢？

首先，你要知道所有伟大的领导者和伟大的销售人员的秘诀：你有两只耳朵和一张嘴，你需要以这个比例使用它们，即多听少说。说服他人的关键不在于抬高嗓门，而在于明白他们的需求和想法。如果你不知道他们想要什么，你就无法影响他们。你需要从他们的视角看待问题：他们的目标和当务之急是什么？他们面临的问题是什么？他们愿意冒多大风险？他们的个人规划是什么？信息就是力量：你要获取这些信息，利用这些信息。

> **信息就是力量：你要获取这些信息，利用这些信息。**

倾听不仅仅是为了获取信息，更是为了建立信任。尘世喧嚣，知音难觅——人们经常感觉自己被人忽略。因此，当有人愿意花时间询问你的观点并倾听你的意见时，你有什么感觉？正常的反应是感激、快乐和放松。然后，你自然会给予回报——对于看重自己的人，你也会更重视他们。

通过倾听来说服

专业服务公司的合伙人都非常聪明，或者说大多数很聪明。在这些光芒万丈的合伙人中，有一位合伙人像一根闪烁的小蜡烛一样放着光芒。她显得一点都不合群，没有一点存在感，而且不善言辞。但客户都喜欢她，这让光芒万丈的合伙人恼羞成怒，因为他们为了达到目的，经常与客户争吵。

有一天上午 10 点，我看到她和一位客户在一起。她似乎在专心致志地听客户说话。下午 2 点，我再次经过，她还在那里，还在倾听。下午 6 点，客户露出了笑容。客户告诉我，他刚刚说服了我们的合伙人帮助他的公司开展为期三年的改革计划，他最终为自己面临的挑战找到了解决之道。

我惊呆了。合伙人刚刚做成了一笔为期三年的业务，但客户认为这是他自己的成就。我问合伙人是怎么做到的。她说："我只是让他们把心里的想法全部倒出来。只有当他们清空了自己时，他们才能接受我的思想。当然，到那时，我可以根据他们的意愿来谈论我的想法。只要你愿意倾听，这么做其实很容易。"

做好准备，提出问题

提出好问题的核心是用心倾听。提出好问题比发表演讲更难。演讲时，你掌控一切，可以说出你想要表达的内容。而交谈时，你就不再完全掌控了。与你交谈的人随时可能给你提供令你惊喜的新的信息、想法或见解。这意味着与一次重要的演讲相比，一次重要的谈话需要更多的准备。在开始交谈前，训练有素的谈话人会思考最不希望对方提出的五个问题，以及最不希望他们提出的事项。你很有可能也要面对这样的问题和事项。如果你对谈话的内容感到不安，你可能还没有做好充分的准备。

好的问题通常是开放式问题。开放式问题鼓励全面回答，封闭式问题只需要对方给出肯定或否定的回答。表 5.1 的示例说明了这一点。

表 5.1　开放式问题与封闭式问题

开放式问题	封闭式问题
你今年的主要目标是什么？	你能达到预算目标吗？
你喜欢这个新想法的哪些方面？	你喜欢这个想法吗？
我们怎样才负担得起呢？	我们有足够的预算吗？
我们如何获得 CEO 的支持？	CEO 是否支持这一点？

封闭式问题是危险的。我们很有可能收到否定的回答。即使是积极的回答，你能得到的有效信息也很有限。一旦得到一个否定的回答，你就陷入了

一场冲突，你必须说服对方你是对的，他们是错的。这是一场双输的争论。开放式问题欢迎对话并鼓励共同解决问题。

明确你的想法

你当然知道自己的想法是什么，但真正的考验是，你是否知道为什么其他人愿意跟随你的愿景而行动。最大的风险是，你沉醉于自己的想法，对其中的风险视而不见。你要保持客观，从别人的角度审视，只有知道别人如何评价你的想法，你才会真正了解自己的想法。

> 只有知道别人如何评价你的想法，你才会真正了解自己的想法。

作为 CEO，你可能对你憧憬的新世界充满激情。你要创造一个精简的组织。专业地说就是你要压缩管理层级，进行业务外包、离岸外包、最佳外包，推动整编和流程简化。换个说法就是你想大幅裁员。即使你完成了裁员放血，幸存者也可能感到挫败、惴惴不安，并对自己的未来充满忧虑。很显然，你的员工可能对这个新世界不那么热情。如果你想让他们维持高绩效，你需要描绘一幅未来的愿景，让他们看到希望。

在不那么引人注目的层面，你可能对如何改进部门工作有很多想法。如果你需要其他部门的帮助和合作，而别人对你的想法无动于衷，也不要感到惊讶。其他部门有其他需求，可能已经在满负荷工作——他们最不需要的就是协助别的部门做更多的工作，尤其是冒着搞砸自己工作的风险。

当你评估你的想法时，你应该问自己下面两个问题。

1. 问题是什么？

2. 奖励是什么？

你正在解决的问题是什么，它是谁的问题？你要解决的最好是一个让很多人感到非常痛苦的问题。没有人喜欢痛苦。这就是 CEO 们偶尔所说的"燃烧平台"。如果发生了火灾，人们会想把火扑灭。CEO 们很乐意制造危机，而危机通常都是这样的：如果我们现在不变革，我们将被对手淘汰。面对失去工作的危机，我们中的大多数人会准备改变工作方式。疫情暴发就是"燃烧平台"的一个极端例子，它推动公司在一个周末内做出比过去十年还多的变革。在 2020 年 2 月下旬，远程工作还是不可想象的，到 2020 年 3 月底，它已成为标准的工作方式。真正的痛苦、真正的威胁可以推动巨大的变革。

如果没有人感到任何痛苦，那么你即使有一个好的想法，也很难制造一种危机感。你的想法将是一个"可以有"而不是"必须有"的想法。

第二个问题，奖励是什么？奖励越大，人们需要为之付出的努力就越多，需要得到的支持就越多，组织倾注的精力也就越多。奖励可以是定性的、定量的（非财务的）或财务的。表 5.2 展示了两个简单想法的区别：提高员工士气和提高客户满意度。

表 5.2　提高员工士气和提高客户满意度

定性的	定量的（非财务的）	财务的
我们将提高员工士气	员工流失率将从每年 23% 降至 10%	我们每年将节省 300 万英镑的选拔和招聘成本
我们将提高客户满意度	我们将缩短 40% 的交货时间	我们每年将多产生 2500 万英镑的销售额和 500 万英镑的毛利润

通常，大多数组织认为财务奖励最引人注目。每当有人提出一个问题或一个事项时，你都可以在他们面前强调财务奖励。"你真的想因为这个问题而放弃每年 500 万英镑的毛利润吗？"没有高管希望自己被视为阻止公司每

年再赚 500 万英镑的人。面对奖励，反对意见往往会消失。相比之下，"提高客户满意度"的模糊承诺缺乏说服力。充分了解你的想法，这样你才可以确定奖励的大小。

当然，奖励必须是可信的。如果你认为通过缩短交付周期，每年就可以多赚 500 万英镑，那么你的想法必须得到合适的人的验证。营销和销售部门需要证实缩短交货时间确实会吸引更多客户；运营部门需要证实你缩短的交付周期是可行的；财务部门需要证实你的数字没问题。在验证你的提案时，无须要求专家批准整个计划，否则你将被太多的既得利益者挟持，只须让每个专家验证与他们在组织中所代表的部分相关的假设，一步一步地完成你的计划。

第 6 章

应对战略

作为领导者，在某些时候，你必须应对组织的正式战略。

第一个挑战是知道什么是战略。这个词的含义已经被大大扩展了。它现在意味着发言人认为重要的任何事情，比如战略审查、战略投资或战略活动，甚至战略家对战略的本质也众说纷纭。

> **第一个挑战是知道什么是战略。**

在实践中，我们需要关注战略研究的两种方法：经典方法和现代方法。

经典战略

经典战略是一个由牛顿的作用力和反作用力构成的世界，其核心是相信自己可以理性地分析一项业务，并为该业务在未来该做的事开出处方。

经典战略的优势是，它树立了规矩，并为思考战略提供了框架。直觉和本能固然重要，但也可能带来灾难。如果使用得当，经典战略框架可以让你对战略进行合理与结构化的讨论。它的劣势是，世界很少符合战略家定制的方案。未来本质上是不可知的，我们无法对未来进行深入分析。当试图预测未来时，我们通常会惨败。例如，以下是过去预测未来的一些案例。

- 1929 年，著名经济学家欧文·费雪（Irving Fisher）说："股价已经达到了一个永久的高位。"市场随即崩盘，带走了费雪的财富。

- 1943 年，IBM 创始人托马斯·沃森（Thomas Watson）表示："我认为全世界对计算机的市场需求可能有 5 台。"尽管他确实看到了全球对复印机的需求多达 5000 台的可能性。

- 1995 年，3Com 的创始人罗伯特·梅特卡夫（Robert Metcalfe）说："我预测互联网很快就会变成灿烂的超新星，然后在 1996 年灾难性地崩溃。"

- 1929 年（这是一个失败预测频出的年份），电影放映机的发明者路易-让·卢米埃尔（Louis-Jean Lumière）说："有声电影是非常有趣的发明，但我不相信它会流行太久。"

- 1876 年，英国邮政局的威廉·普利斯（William Preece）说："美国人需要电话，但我们不需要。我们有很多邮差。"

- 1938 年 9 月 30 日，英国首相内维尔·张伯伦宣布他已经确保了"当代永无战争"。不到一年，第二次世界大战就爆发了。然而，他确实为重新武装英国和准备战争赢得了足够的时间。

你可以使用无穷无尽的战略工具和网格来帮助自己构建思维。如果使用得当，战略工具可以帮助思考，而不是代替思考。永远不要相信它们的预测能力：你永远无法信心满满地预测未来。

人们普遍认为迈克尔·波特（Michael Porter）是经典战略的权威。作为一名训练有素的经济学家，他于 1980 年撰写的《竞争战略》（*Competitive*

Strategy)，所依据的是他一年前发表在《哈佛商业评论》(*Harvard Business Review*)上的对相同话题的论述。这是一本具有里程碑意义的书，至今仍影响着人们的管理思维。它本身就值得人们去理解。

对于波特来说，竞争战略的基础是理解五种力量，具体如下。

- 直接竞争者有限
- 没有简单的替代品
- 新进入的门槛很高：成功的路上有很大的障碍
- 买方势力有限
- 供应商势力有限

如果以这个框架为基础讨论战略，那么微软进行桌面操作系统的开发和我决定在本地商业街开一家汉堡店的战略比较如表 6.1 所示。

表 6.1　微软系统开发和我的汉堡店开设战略比较

	微软	我的汉堡店
直接竞争者	历史上非常有限，例如苹果和谷歌	麦当劳就在附近，还有另外两个汉堡店
替代品	操作系统的替代品？羽毛笔？	附近还有一家比萨店和四家外国餐厅
新进入门槛	非常高的进入门槛：潜在的客户群面临很高的转换成本和风险	低廉的租金意味着任何人都可以在这里开设一家新餐厅
买方势力	买家难以转换	客户可以直接从店门口走过，他们确实这样做了
供应商势力	最小：对任何供应商的依赖程度都低	我只是特许经营的参与者，所以我任人摆布

快速浏览一下就会发现，我不太可能通过我的汉堡店发财，但微软可以，即使它偶尔会推出平庸的产品，如 Vista 和 Windows 8.0。但是，你要使用判断力。即使竞争激烈，只要你有一个好想法，你依然可以成功。在这种情况下，一个好想法会将你与竞争对手区分开，并以消费者负担得起的价格为他们提供想要的东西。

在我家附近的商业街上，两家汉堡店开在生意兴旺的麦当劳旁边，生意也很红火。一个是瞄准高端市场的连锁店，出售"体面的"汉堡；另一个属于滚石乐队的比尔·怀曼（Bill Wyman），里面摆满了他的纪念品。比尔·怀曼本人就是最大的卖点，而我们其他人永远不具备这个卖点。

如果你有一个好想法，它会让你成功。一个强有力的想法总是胜过枯燥的分析。

一个强有力的想法总是胜过枯燥的分析。

这些分析工具本身就很危险。如果每个人都做同样的分析，他们就会得出同样的答案，做同样的事情。这就是竞争性自杀。如果每个人都选择同时进入一个市场，灾难就会接踵而至。如果很多人决定退出一个市场，那么留在这个市场中的人可能因为没有竞争而发财。

经典战略的局限性促使人们追求更好的战略，这便是我们所称的现代战略。

现代战略

人们开始反对由波特及无尽的矩阵所构筑的经典世界。反对派的代表人物是 C.K. 普拉哈拉德（C.K. Prahalad）教授，继任者则包括他的助理加里·哈默（Gary Hamel）和钱·金（Chan Kim）等。现代战略的世界由《战略意图》

（*Strategic Intent*）、《核心竞争力》（*Core Competence*）和《蓝海战略》（*Blue Oceans*）等一系列论著构筑。这些都是优秀的畅销作品，在过去 25 年风靡商业世界。不可避免地，这些论著都被严重误解了。例如，人们认为核心竞争力就是我们自认为能胜任某事。

　　我们将普拉哈拉德等的方法称为"现代战略"，只是为了将其与波特等的经典战略区分开。现代战略重视创造性和发现，而不是通过分析寻找答案。它非常契合颠覆性创新的时代。当本书的第 1 版出版时，社交网络意味着去参加聚会或与某人喝咖啡。没有人听说过脸书，也没有人知道（除了马克·扎克伯格）自己需要它。现在，脸书已成为许多人社交生活的核心部分。同样，我们不知道我们需要快变获知自己正在听什么音乐，不知道我们需要声破天（Spotify）播放自己最喜欢的流行音乐，或者我们真的需要整天随身携带平板电脑。使用经典战略工具进行再多的分析，也无法帮助我们建立脸书、快变或声破天。相反，这些战略分析工具会告诉我们要避开这些冒险——像环球影业这样的大型音乐出版商在音乐领域看起来非常强大。戴尔和惠普在计算机领域看起来非常强大，传统的分析不会让三星进入这些市场。但正是三星，而不是惠普或戴尔，与苹果一起创造了平板电脑市场。

　　那么，你怎么培养创造力并产生伟大的想法呢？可以参考以下五种方式。

效仿他人

　　许多辉煌的企业都是通过效仿他人建立的。瑞安航空是欧洲最大的航空公司，该公司起步时完全照搬了西南航空公司的模式，后者开创了低成本、平价的飞行模式。"以教为先"是英国最大的毕业生招聘机构，其灵感来自一个类似的美国机构。iPad 自 2010 年推出开始就大获成功，但在此之前，

AT&T（1991）和康柏（1993）在同类型产品上付出的努力没有取得太大的成功。

帮助客户解决问题

如果你对某事感到烦躁或恼火，你可以选择继续烦躁或恼火，或者解决问题并从中创造财富。快变解决了一类司空见惯的问题，就是当我们听到一些很棒的音乐时不知道它们的名字是什么。同样，詹姆斯·戴森（James Dyson）苦恼于真空吸尘器在集尘袋装满时不能很好地进行清洁的问题，经过对 5127 个原型的试验，他最终找到了一个足以与胡佛和其他主要真空吸尘器生产商竞争的解决方案。

以客户的视角度过一天

这是了解如何改变的最快方法。如果航空公司的机组人员体验与乘客一样的安检流程，忍受复杂的登机手续、反复地查验护照和行李延误所带来的不便，那么这种在机场遇到的麻烦很快就会成为历史。一家水务公司确信它提供了出色的客户服务，并有客户满意度调查为证。然后，我向员工展示了一段视频，视频中一位老年客户因公司造成的问题家中被淹，他泪流满面但问题并没有得到解决。通过客户的视角看待问题，而不是通过客户满意度调查这样的有色眼镜看待问题。

不断尝试

成功和失败的区别在于坚持。你尝试得越多，你就越了解什么有效，什么无效。我们现在都知道，付费搜索是任何搜索引擎成功的关

成功和失败的区别在于坚持。

键，谷歌已经从中赚了一大笔钱，但这个规律在一开始并不明显。在网站热潮时期，雅虎、麦哲伦（Magellan）、Lycos[1]，Infoseek[2] 和 Excite[3] 都在力求卓越。市场测试了许多不同的方法。从不断的测试中诞生了一个赢家：谷歌。现在中国的百度已经参考了谷歌的经验。

分析你的洞察方式

欧洲工商管理学院的钱·金在《蓝海战略》一书中提供了一种提出创新见解的方法。前提很简单：绘制客户想要什么和竞争对手提供什么的价值曲线，然后找出机会所在。我们举一个简单的例子说明这一点（见表 6.2）。

表 6.2　简化的酒店价值曲线

	客人想要的	典型的酒店
舒适的枕头和床	√√√√√	√√√
安静的房间	√√√√	√√
温馨的咖啡店	√√	√√√
布置典雅的前台区和热情的前台服务生	√	√√√√√
健身俱乐部	√	√√√√

这种简化的分析表明，你有机会改变游戏规则。在基本条件上投入更多：提供一张舒适的床和一个安静的房间，让客人可以安眠。避免将钱花在客人不看重的东西上，比如健身俱乐部。这是目前全球经济型酒店广泛使用

---

① 西班牙搜索引擎服务网站，是最早提供信息搜索服务的网站之一。——编者注
② Infoseek 公司于 1995 年 2 月推出的万维网搜索引擎，是早期最重要的搜索引擎之一，允许站长提交网址的模式由其开始。——编者注
③ 使用最为广泛的搜索引擎之一，于 1993 年 2 月由 6 个斯坦福大学的学生创建，从 Archixt 项目衍生而来。——编者注

的方案。

现代战略为任何有好想法的人带来了希望。但这也代表，一家拥有庞大资源的大公司抵御不了一个拥有好想法的好团队。换句话说，IPA 计划（想法、团队、行动）并不仰仗权力或特权。如果你有 IPA，你就可以成功。这是经验，不是夸夸其谈。

在表 6.3 中，在位企业似乎都掌握着所有的王牌：资金、市场份额及核心技能。挑战者相形见绌，任何理性的分析都会告诉它们不要与行业巨头竞争。但是，在每个案例中，它们都改变了游戏规则。当规则发生变化时，在位企业就会陷入困境。如果它们坚持现有的方式，它们就会给挑战者成长的空间；如果它们改变现有的方式，它们就放弃了现有的特权。例如，如果你是英国航空，看着瑞安航空的崛起，你会怎么做？在实践中，在位企业倾向于坚持它们久经考验的方式，而挑战者发现它们的"蓝海"——一个没有竞争者的市场，它们可以在这里快速崛起。

表 6.3　强大的在位企业受到挑战

传统的公司	挑战者
英国航空、汉莎航空	瑞安航空、易捷航空
胡佛吸尘器	戴森
柯达相机	三星、谷歌等手机相机
戴尔、惠普	联想、苹果
英国广播公司	英国天空广播公司

将现代和经典战略结合在一起

现代和经典战略提供了两种截然不同的思考业务的方式，两者都有其价值。通常，现代战略对于新的和颠覆性的公司，或想要打破既有业务模式的成熟公司最有用，尤其是用来应对挑战它们的新兴公司。

如果你使用经典战略，在做分析时不要忘了自己的判断。以分析作为战略讨论的起点，而不是终点。如果你走现代路线，不要爱上自己的想法，对它的错误视而不见。现代战略的每一次成功，都对应 1000 次失败——那些认为自己有一个好想法的人，仍然被困在他们的阁楼或车库里等待世界发现他们的才华。

不要爱上自己的想法，对它的错误视而不见。

第 7 章

战略与不公平竞争的艺术

公平竞争的问题在于，有可能遭遇失败。商业领袖可能会谈论竞争的重要性，但在实践中，他们不喜欢竞争——除非他们有把握自己能获胜。获胜的最好方法是拥有健全可靠的渠道，从而有保障地获得利润。这就是经济学家所说的"寻租"。典型的寻租者是垄断者或公司，他们从政府那里获得一些特权，例如补贴、许可证或其他各种许可。这些特权往往可以保证公司不必参与太多竞争就能盈利。

不公平的竞争优势

如果你必须参与竞争，就要确保你有一个完全不公平的竞争优势的渠道。不公平的竞争优势是指能够获得非常高的回报，且竞争对手很难通过竞争改变。每家公司都需要一些这样的产品或业务。你需要在一些领域赚取远远超过你的资本成本的利润。这些超额回报将有助于支付你未来的所有投资，解决运营和战略错误带来的损失，平衡那些难以达到预期回报的业务。

我们生活在这样一个世界：客户想要以少博多，税务人员希望分得更多利润，员工希望获得更多报酬，竞争使人们不断压价并不断创新、提高质量，各种危机和灾难不期而至。在这个世界上，利润会迅速消失。面对这些挑战，"竞争优势"显得势单力薄——你想要一个不公平竞争优势的渠道，但监管机构和政客们会很快注意到你。

从战略角度来说，最终你会通过一个想法，建立一个不公平竞争优势的渠道。

以下是一些利润丰厚的"不公平"竞争优势的例子。

- 拥有在低成本油田钻探石油的许可证（埃克森美孚、巴西国家石油公司、壳牌公司）。
- 位于商业街的最佳位置（麦当劳和星巴克）。
- 拥有版权、商标或专利（迪士尼和戴森）。
- 率先进入新兴市场，自然而然地成为行业垄断者（微软操作系统，谷歌的付费搜索，SWIFT 的高附加价值银行同业支付）。
- 打造强大的品牌（宝洁、耐克等）。
- 拥有独特的资源（英国航空希思罗机场起落时间表）。

这些巨大和"不公平"的竞争优势，可能使在位企业在相对低效的情况下，仍然利润可观。你可以历数有多少家知名的公司符合这种描述。

从理论上讲，我们可能都同意竞争是有利的。从社会和经济发展的角度来看，竞争是有利的；从我们自己的生存角度来看，竞争没有那么好，你可能会输。在法律允许的范围内，用对你有利的方式掷骰子。

第 8 章

如何评估你的想法

你怎么知道你的战略想法是否是一个好的想法？你可能没有时间或资源来进行全面的战略分析，但你需要应对老板、同行、投资者和其他相关方可能带来的所有挑战。在被问到之前，准备好回答问题。在你受到挑战之前，你应该先挑战自己。

你应该应对的挑战，主要来自相互交叉的以下四个方面。

- 财务
- 客户
- 竞争
- 产品 / 运营

财务

你可能准备了一个财务报表，报表右下角有一个有吸引力的数字。大家不会相信这个报表，因为大多数这样的报表是从右下角构建的——高管们找到人们想要看到的神奇数字，然后创建财务报表来呈现这一结果。人们不会直接检验你的数字，而会检验数字背后的逻辑。

- 你是否正确估计了市场规模、市场增长率和市场占有率？
- 你的定价是否切合实际，尤其是在竞争对手做出应对后，这个定价是否可行？
- 你的成本是否与相关基准相匹配？
- 现金流的规模和时间周期是否现实，还是需要追加投资？

这些是简单、基本的检验。只有在你的想法通过这些检验后，你才能更深入地研究细节。如果你提出的计划仅满足基本的财务回报要求，你就要做好准备迎接挑战。财务报表总是比现实更乐观。当竞争、客户和其他你没有预料到的因素破坏你的预期时，你的财务回报就显得不堪入目。好的想法带来的回报会远远超出财务的要求。

客户

大多数伟大的战略都始于对客户的洞察。当你谈论"客户"时要精确。你的客户与市场不同。只要你很好地细分市场，你就有可能找到一个让你茁壮成长的商机，例如，当我们把"激爽"香皂推向市场时，市场调查显示市场

> **只要你很好地细分市场，你就有可能找到一个让你茁壮成长的商机。**

总体上对这款产品不太感兴趣，但是有 10% 的客户非常感兴趣，这群客户热爱这款香皂与众不同的外观和气味，愿意溢价购买。凭借这一点，我们就能成功。

更常见的情况是，你可能会按价格细分市场：高价市场和平价市场。你

提出的问题应包括以下几个。

- 这是否满足了客户的实际需求？他们准备好为此付钱了吗？
- 你的价值主张是什么，你如何传达？
- 如何将信息传递给客户，销售渠道、分销渠道、媒体和消息传递渠道都有吗？
- 你的客户是否带来了独特的商机或形成了市场，使你能精准定位？

检验这些问题的最佳方法是与潜在客户交谈。即使你没有完整的产品或服务来展示给他们，你也应该能描述清楚并收到反馈。仔细观察客户的反应，因为人们往往很有礼貌，所以中立的反馈实际上就是负面反馈。当你的潜在客户开始对你的想法表现出热情时，你的想法才可能是一个有效的想法。感兴趣的客户将描述他们为什么喜欢这个想法，这样你就可以有理有据地向他们传递你的价值主张或信息。

竞争

竞争往往是一个谜。即使我们知道竞争对手是谁，也很难预测他们会做什么，也很难准确估计他们的威胁。如果你高估了他们的威胁，你可能会选择放弃；如果你低估了他们的威胁，你就会遭受重创。你必须提出有用的问题，并尽可能地回答它们。找一个了解市场，或曾经在竞争对手那里工作的人，来帮助你获得洞见并找到合理的答案。

有用的问题包括以下几个。

- 竞争对手复制你的想法是否容易？你是否有阻止别人进入行业的壁垒（专利、专营权、强大的品牌、长久的客户等）？
- 有哪些产品或服务能替代你的想法？它们有多大的吸引力，价格是多少？
- 竞争对手的产品在价格和价值方面如何抢夺你想要服务的客户群？
- 竞争对手在定价、产品、促销等方面可能对你的想法做出什么反应？

产品 / 运营

这是你的最后一道现实检验。你能否以合适的成本、时间和地点交付你的产品、服务或创意？你是否拥有能确保成功的团队，或你是否正在努力寻找合适的人才？通常，风险投资家既看重想法也看重人。在公司内部也是如此——伟大的管理者比伟大的想法更容易得到支持。这意味着你需要组建最好的团队，并确保你会得到公司内外有影响力的人的支持。利用背书的力量发挥你的优势，并在你需要时向有影响力的人求助。

风险投资家既看重想法也看重人。

第 2 部分

团队：让人际关系网奏效

领导学的很多领域都基于一个理念：将领导者奉为英雄。渴望成名的CEO们写下了自传；演讲界也充斥着个人主义的故事；领导者喜欢分享他们"鼓舞人心"的个人经历。但是这些做法会造成误导，对人们也毫无益处，因为我们中的大多数人都不是英雄。即使成吉思汗和纳尔逊·曼德拉式的榜样，我们也很难复制他们的成就。幸运的是，你不需要复制成就，也不需要成为英雄。

最优秀的领导者不会凭一己之力成就事业，即使是成吉思汗或纳尔逊·曼德拉也不会。他们身边聚集了很多杰出的人才。最好的领导者拥有最好的团队。这时就产生了一个显而易见的问题：如果他们有一个伟大的团队，那么领导者存在的意义何在？尽管这是一个简单的问题，CEO们也经常难以回答——他们知道自己的头衔是什么（CEO），但他们并不总是知道自己的角色应该是什么。

本书的第2部分着眼于如何建立和领导团队，将你的想法变成现实。建立和领导团队的艺术包括甄选、招聘、指导和激励你的团队成员以及管理他们的绩效。这些是每个领导者都必须掌握的核心技能。

如果你已经建立一个真正优秀的团队，可以做你想做的一切，那么你会面临一个挑战：你自己的角色是什么？如果团队这么优秀，你还有什么事情要做吗？你肯定不想让这个谜底最后被揭晓。先回答这个问题，你就会清楚你需要做什么，以及你需要建立什么样的团队。因此，本书的第2部分将从帮助你解决这个谜题开始。

第 9 章

寻找你的角色

你的级别越高，你的角色就越模糊。如果你是初级销售人员，那么你需要做什么就很明显。你必须完成明确的销售目标。当你进入管理层时，一切就变得相对模糊。作为管理者，你将有多个目标。很明显，你不能靠自己实现所有目标的交付。这意味着你必须建立一个团队来实现它。但是，如果你有一个伟大的团队为你提供成果，那么你如何贡献更多的价值？你的工作意义是什么？

我们将以罗纳德·里根（Ronald Reagan）为例。从声誉上讲，他不算努力工作的榜样，至少按照大多数要求很高的总统的标准来看是这样。里根花很多时间打高尔夫球，他总是在晚上 8 点之前看电视、吃晚餐。那么，要怎么做到一边管理国家、提出里根经济学、进行各项重大谈判，一边仍然有时间打高尔夫球？

里根之所以能做到这一点，是因为他很清楚自己的角色是什么。你也许不会赞同里根和他的想法，但他在狭义上取得了成功，大致实现了自己从政的目标。这就超越了许多领导者、CEO 和总统。他专注于 IPA 计划。

● 想法：他对自己想要实现的目标有一个清晰的想法——里根经济学。

- 团队：他以自己为中心建立了一个可以将自己的想法付诸实践的团队。

- 行动：他很清楚自己的个人角色。他是伟大的演说家，可以创造希望和乐观，并说服国会和公众支持他的目标。

作为领导者，你需要知道你在何处为团队贡献价值，在何处有所作为。如果你的团队中有人可以做你正在做的事情，那就交给他们去做。不要做与你的角色不匹配的工作：你没有时间，你的完成成本太高。这意味着要走出你熟悉的舒适区，直面挑战。

> **作为领导者，你需要知道你在何处为团队贡献价值，在何处有所作为。**

如果你是组织内的中层领导者，你可能会怀疑你的角色是否需要与美国总统的角色相同。从广义上讲，它们是相同的。

- 想法：清楚自己的目标。

- 团队：建立和管理团队，将想法付诸实践。

- 行动：创造条件，让你的团队苗壮成长。

一旦你知道自己必须做什么，你就可以决定你需要团队的其他成员做什么。作为领导者，你的关键作用之一是为团队创造成功的条件。这意味着选择合适的团队、确保预算和资源无误、确保最高管理层支持你的目标，在必要时进行政治干预、分派任务和授权、管理绩效。这些是只有作为领导者的你才能做的事情，其他所有事情，都可以由你的团队为你完成。

因此，我们将在这一部分中探讨如何通过其他人取得成功。

第 10 章

吸引合适的团队

合适的团队就是你的梦之队。它会把高山夷为平地，把危机化为机遇，把意外变成惊喜。但是，如果你满足于"二流"的团队，你将陷入困境。每一次挫折都将是一场危机，你会听到各种借口，你要花时间解决团队内部的纠纷，每当最后期限逼近时，你都会发现自己难以入眠。这时，你可能会悄悄地咒骂你的团队。但你应该咒骂的是你自己——吸引合适的团队是领导者最重要的任务之一。团队的质量决定了你能实现的目标。

实际上，你可以找到很多原因来解释为什么你得到的是"二流"的团队而不是"一流"的团队。你所接手的团队的质量取决于你的前任。如果幸运的话，你将追随一个优秀的领导者的脚步，接手一个优秀的团队。但是，与其像买彩票一样依靠运气，不如通过确保吸引到合适的团队增加胜算。

你所接手的团队的质量取决于你的前任。

首先，你需要知道"合适"的团队是什么样子的。合适的团队具备以下三个特征。

- 合适的技能

- 合适的风格
- 合适的价值观

通常，领导者会把重点放在寻找合适的技能上。这很危险。正如一位 CEO 所说："我发现我们通常因为技能而雇用一个员工，因为（糟糕的）价值观解雇一个员工。"想想那些给你的工作造成最大麻烦的人，你会发现他们的技能很可能没有问题，但他们的价值观确实有问题。以下是你在三个特征中需要分别考察的事情。

合适的技能

技能很重要，关于"人才争夺战"的例子有很多。显然，你必须为一些深度的技术和专业的技能支付高额费用。任何不得不聘请律师事务所的律师处理重大诉讼的人都会明白，优秀的技术人才是多么昂贵。因此，如果你需要技术人才，请找到顶尖的人才并准备好为此付费。

但大多数其他的技能正在成为一种商品。你可以找到很多拥有不同 IT 或会计技能的人，且他们的技能正逐渐被外包或离岸外包。至于其他技能，团队成员可以在工作的过程中学习。除非你需要的专业技能非常抢手，否则供你挑选的人员很有可能在技能组合方面大同小异。因此，你需要的是选择人员的方法。

比较常见的方法是考察人们在专业技能方面的成就。但在关注成就时，你会面临的第一个挑战是人们倾向于夸大自身的成就。在招聘毕业生时，我发现他们个个都成就非凡——每个人都声称自己做过志愿者、跑过马拉松、创办了社团，并建立了自己的企业。与此相悖的是，在这种他们似乎正在成为百万富翁的成就背景下，他们申请成为实习生。切记一定要明察秋毫，成就只能作为参考。

在关注成就时面临的第二个挑战是企业通常重视外部经验而不是内部经验。这和员工们认为别的地方草更绿的道理是一样的。请记住，下雨最多的地方草最绿。在实践中，招聘外部员工是有风险的。你并不了解他们取得了什么成就，或者他们为什么要

> **请记住，下雨最多的地方草最绿。**

跳槽。所有新员工都会因为换工作而表现变差，因为换了一个新的角色后，他们之前所依赖的非正式的人际关系网就不复存在了，而正是这些关系网使他们在上一个角色中变得卓有成效。而且，即使他们确实适应了工作的转变，他们中的许多人也很难适应新的文化。受聘者（CEO 除外）的职位越高，这些挑战就越大。如果你从自己的组织内部寻找人才，至少你可以知道哪些人真正做出了成就，他们仍然具备自己的人际关系网，也更了解企业文化。

在进行外部招聘时，你还要面对的第三个挑战是你要了解有些人是如何取得成功的。这里有一个微妙的平衡：如果团队在他们的领导下取得了成功，那么他们到底是团队合作者，还是个人贡献者？如果他们是团队合作者，那么他们真的能领导一个团队吗？这实际上在无形中构成了一种进退两难的局面，被困入其中的人无论如何也无法突破。

合适的风格

大多数领导者都明白，他们需要组合不同的技能才能成功。如果一家大公司的执行委员会完全由会计师、IT 人员或销售人员组成，那么委员会的

人很容易发现这种组合是不平衡的，他们不太可能很好地完成工作。

在技能方面，领导者看到了平衡和混合各种技能的需求。但在风格方面，许多领导者却避免平衡和混合——他们想要一致性。这里所说的平衡风格并不是传统意义上的保持多样性，在性别、年龄、种族、民族以及左利手和右利手方面平衡你的团队是有价值的，但这不是我们的重点。有很多公司在吹嘘它们的多样性，同时吹嘘它们在全世界都是"一家保持一致的公司"，秉持同样的价值观。实际上，它们的多样性是肤浅的。公司可以接受任何年龄、种族、肤色或信仰任何宗教的人，但这些人必须接受一套价值观、一个信仰、一种做事方式。当每个人都必须以同样的方式思考和行动时，公司就没有真正的多样性了。

在团队中，领导者也会犯同样的错误。他们会雇用像自己一样的人——至少他们知道如何与像自己一样的人一起工作。设想面对一些简单的权衡，比如你在选择你的团队成员时看重什么，是外向还是内向、注重细节还是关注大局。如果你的团队成员在这些方面的组合都一样，那么你的团队会变得像下面这样。

- 内向者团队：房间鸦雀无声。
- 外向者团队：比黑猩猩的茶话会更混乱。
- 只注重全局的团队：激烈地辩论，不采取行动。
- 只关注细节的团队：每个人都朝着错误的方向努力前进。
- 以任务为中心的团队：员工追求结果。
- 以人为本的团队：无所事事的乡村俱乐部。

以下是你在构建团队时需要考虑的其他一些风格权衡。

- 控制与授权权衡

- 冒险与规避风险权衡

- 个人主义与团队合作权衡

- 灵活与结构化权衡

一个好的起点是：首先考虑你自己在这些方面是什么风格，在其他方面又是什么风格，然后考虑团队的其他成员是否应该和你一样，或者你是否需要一些平衡。

不可避免的是，与那些和自己不同的人一起工作是更难的。相互理解需要时间，但也更具有创造性。你将不同的观点和不同的优势融入了团队，你们可以互相学习，互相借鉴，从而实现愿景。

团队"合适"的平衡没有统一的公式——你必须做出判断。这是领导力之所以是一门艺术，机器人难以复制的原因之一。

合适的价值观

你可以传授技能，但你不能教授价值观。原则上，如果你按照价值观而不是技能进行招聘，你就会更容易取得成功。大都会人寿保险公司就是一个很好的例子，该公司每年雇用

你可以传授技能，但你不能教授价值观。

5000 多名销售人员。超过 80% 的人会在 4 年内离开，相对于每位销售人员高达 30000 美元的招聘和培训费用，这是一个很糟糕的回报。于是，该公司开始在其常规测评中加入乐观性测试。研究发现，最乐观的候选人的保险销售量比同事的高出 88%。即使是先前未能通过常规测评（但仍被雇用，来

测试乐观的力量）的乐观者，其保险销量也比通过常规测评的悲观者的高出57%。大都会人寿正式改变了其招聘方式。同样的结果已经在房地产、汽车、办公产品和银行等行业呈现。

在风格方面，你可以不做评判，因为情况不同，奏效的风格也不同。在价值观方面，你应该做出判断，因为有积极的价值观，也有消极的价值观。请尝试以下对比。

- 勤劳或懒惰
- 诚实或不诚实
- 乐观或悲观
- 乐于助人或自私
- 坦率或不坦率
- 可靠或不可靠

我们都不得不与有不同价值观的老板和同事共事，但这是不值得的。明确你想要的价值和不想要的价值。然后招聘符合你的价值观的人。

明确你想要的价值和不想要的价值。

一旦你知道自己想要雇用谁，你就要找到雇用他们的方法。这一点说起来容易但做起来难。如果你想要雇用的是合适的人，这样的人可能非常抢手。他们现在的老板不想失去他们，也会有很多人向他们伸出橄榄枝。那么，他们到底为什么选择来和你一起工作呢？

当你在招聘时，你是在推销：你在推销一个职位，你在推销自己。正如我们已经说过的，说服的出发点是倾听。如果你有疑问，就让他们谈论他们最喜欢的话题：他们自己。他们认为世界上最甜美的声音是他们自己的声音。满足他们的倾诉欲，无论这令你多么痛苦。通过倾听，你可以了解他们的动力是什么，明白他们为什么想要在职业生涯中更进一步，他们现在遇到了什么挫折，他们喜欢什么、不喜欢什么。这可能需要花费大量的时间和精力，但这项投资可以为你这个老板带来可观的回报，为你提供所需的推销话术。一旦理解了他们，你就可以用他们想要的方式推销这个职位，也可以用他们想要的方式推销自己。

这里容易落入的一个关键的陷阱是在薪酬谈判时陷入僵局。如果候选人主要受金钱驱动，那么你可能想问他们是否具备你所期待的价值观，你可能还要问他们是否有很好的判断力。我遇到过一些毕业生要求将起薪提高5% ~ 10%，如果他们询问的是如何能将工资翻十倍，也就是谈到他们想要什么样的职位，为了取得成就他们需要学习什么、做些什么，那么我会对他们有更好的印象。

即使处在职业生涯的中期，高管们接下来也将面临 20 年的职业生涯——帮助他们在短期内获得一份有价值的工作，同时在长期内获得成功的职业生涯，比在起薪上给出特别待遇更有意义。请记住，任何此类特别待遇都会暴露在公共视野中，导致其他团队成员竞相效仿，混乱和怨恨随之而来。

第 11 章

激励你的团队：理论

在过去数百年中，数以万计的心理学家的共同努力并没有使人们更快乐或更有动力。他们的研究表明，我们比我们想象的更糟糕。压力、自卑、抑郁和其他精神问题四处蔓延。

领导者必须在所有心理学家失败的地方取得成功——你的谜题是找到一种激励团队的方法。这是发挥团队潜力和实现高绩效的关键。一个缺乏动力的团队对你来说毫无用处。

为了解决这个问题，我们将从两个角度探讨。

- 与激励有关的三个实践理论。
- 领导者如何在实践中应用这些理论（第 12 章）。

在踏上探索激励的旅程之前，我们有必要弄清楚激励是什么和不是什么。这会帮助我们找到正确的答案。

激励不是鼓舞。有一些领导者属于鼓舞人心的类型，但我们中的大多数人都不是天生的鼓舞者。我们可以做好许多基本的事情以激励人们。如果我们做得足够好，我们甚至可能鼓舞他们。

但是，如果我们寻找的是鼓舞别人的方法，我们很可能遇到这样的场

景：一个穿着白色西装的男人在舞台上挥舞着
手臂，而台下的大批观众陷入狂热。有了这种
气势，他们可以同样积极地鼓舞别人、推销保
险，甚至传播宗教。但要想在演讲之后的长时
间内延续这种激励，就需要一种不同的艺术
形式。

> **要想在演讲之后的长时间内延续这种激励，就需要一种不同的艺术形式。**

激励理论实践：第一部分

让我们从一个简单的选择开始。假设你是一个喜欢工作的初露锋芒的领导者，你致力于工作，你生下来就是为了工作和走向领导岗位的，而且你对事业全神贯注。环顾四周，不仅有你的同事，还有组织各个层面的人。如果他们的态度都像你一样，那就选择 Y 理论。如果你认为人们打心底不喜欢工作、为了生存而工作、对工作没有兴趣，请选择 X 理论。

显然，你如何激励人们将取决于你认为他们是 X 型人还是 Y 型人。你周围可能二者皆有。

让我们从愤世嫉俗的 X 型人开始。在一个完美的世界里，你可以把他们变成快乐的、热心的 Y 型人。然而只有当我们离开现在所处的这个世界时，我们才可能最终进入一个完美的世界。与此同时，我们还必须与 X 型人打交道。传统的管理层对 X 型人的应对措施是严格控制、密切监控、最低限度授权，以及奖惩分明。

仍然有很多老板会认为每个为他们工作的人都是 X 型人。他们喜欢控制员工且要求极高。虽然为这样的老板工作毫无乐趣，但员工可以在职业阶梯上一路向上走。对 Y 型人可以用不同的方式管理。他们是忠诚的同事，工作

兢兢业业、为人可靠，值得信赖。对他们，我们不能严加管控，应该给予信任、赋予权力。

这种对 X 世界和 Y 世界的探索基于道格拉斯·麦格雷戈（Douglas McGregor）的《企业的人性面》（*The Human Side of Enterprise*）（1960），该书对工作中不同类型的激励方法进行了经典描述。我们所处的世界中，越来越多的管理者正在从 X 型转向 Y 型。愤世嫉俗、不可信的 X 世界，其典型代表就是 19 世纪的血汗工厂。在那里，没有受过教育的群众从事的是体力劳动，老板就是老板，工人就是工人。工人接受了更多的教育，所以，我们现在更常看到 Y 世界，在这个世界中雇员是在办公室里工作的脑力劳动者。我们需要的不仅是服从，更需要投入。我们需要有才华的团队来应对现代工作中日益复杂和混乱的问题。

麦格雷戈关注的是工人。但是，对工人有效的理论对领导者也有效。虽然世界可能正在从 X 型转向 Y 型，但许多管理者更容易接受 X 型。请确认你的管理类型是表 11.1 中的哪一种，同时确认你更喜欢为哪种类型的老板工作（见表 11.1）。

表 11.1 管理的类型

管理标准	X 型管理者	Y 型领导者
权力基础	正式权力	权力与尊重
控制的重点	流程合规性	成就、成果
沟通风格	单向：发布命令	双向：讲述和倾听
成功标准	没有失误	实现目标
重视细节的程度	高	中等
对模糊的忍受程度	极小	中等
政治能力	中等	高
喜欢的组织架构	等级制度	网络结构

尽管世界正在宣扬受人信任的 Y 型领导力，但在许多领域仍然可以找到经典的 X 型管理。在零工经济中，压力过重的送货司机和仓库工人发现，当他们的老板是一个"算法"时，它就是一个"暴君"。算法不关心你的健康或你的家庭情况，它只关心如何优化你的输出。

许多人本能地喜欢更鼓舞人心的 Y 型领导者。我为这两种类型的上司都工作过。Y 型领导者的要求要高得多，他们可能会原谅你偶尔犯的错误，但总的来说，他们的期望更高。X 型管理者非常残忍、令人讨厌，但为他们工作很简单，你只须不惹麻烦、告诉你干什么就干什么、做到忠诚和服从。他们期望的是服从，而不是投入。Y 型领导者期待投入，如果有助于实现目标，他们可以容忍下属偶尔不服从他们的领导。

令人惊讶的是，这两种类型的领导者都可以在正确的背景下取得成功。X 型管理者在官僚机构中能取得成功，这种机构的重点是避免错误并保证可预测性和可控性。外包业务的公司、保险公司等都符合这种作风。

Y 型领导者适合需要变革、需要适应不同的和不确定的客户与竞争压力的组织。比如创意机构、创业组织和专业服务公司。Y 型领导者在 X 型环境中无法生存，反之亦然。你必须找到适合你风格的环境。

激励理论实践：第二部分

赫茨伯格的双因素激励理论呼应了麦格雷戈的 X 型和 Y 型理论。赫茨伯格认为，作为领导者，你可以通过以下两种方式之一激励下属。选择你认为适合你的组织的选项。

选项一

确保人们拥有他们应得的地位、头衔、待遇和工作环境。根据绩效支付工资，为绩效突出的人支付奖金。通过小时制、假期、弹性工作制度和家庭友好型工作方针让员工恰到好处地平衡工作与生活。这是典型的理性管理方法，也是公共部门工会经常与雇主谈判的内容。

选项一的问题在于，这是一个永无止境的过程。一旦有人得到了加薪和奖金，接下来他们就想缩短工作时间。赫茨伯格称这些激励条件为"保健因素"。在实践中，这种方法不仅难以激励员工，还会让他们失去工作动力。低薪和糟糕的待遇会扼杀员工的积极性，但仅凭高薪和优厚的待遇永远不足以激励员工产生出色的表现。

尽管如此，许多组织仍然将薪酬和奖金作为管理或激励的主要手段。开薪酬研讨会听起来像管理工作：高级管理者围坐在会议桌旁，讨论人员问题（看起来很像管理工作的内容）和绩效问题（看起来很像管理工作的内容），并做出和薪酬有关的决定（看起来很像管理工作的内容）。在房间里唇枪舌剑几小时后，他们成功了——激怒了所有人。业绩突出的交易员或基金经理收到 10 万英镑的奖金，然而当他们发现他们的一个同事收到了 12 万英镑的奖金时，他们立即辞职（在钱存入他们的银行账户后）。从公司的角度来看，奖金，在理论上（虽然也不总是成立）可以衡量个人贡献的价值。从个人的角度来看，它能衡量一个人相对于同事的价值。没有人喜欢被告知他们比别人的价值更小，特别是对那些自我感觉良好的交易员或基金经理来说，更是如此。

> **没有人喜欢被告知他们比别人的价值更小。**

选项二

专注于工作的内在回报、认可和价值，创造一种团队意识和归属感。这可以用极低的成本获得非凡的成果。许多行业，如军队、教育和学术界，工资很低，但可以吸引杰出的人才并取得非凡的成果。一些最优秀、最聪明的毕业生宁愿接受极低的待遇去给政客当调查员，或者在国际拍卖行工作。

在这两个选项之间做出选择时，我们会涉及很多问题的核心，包括压力、员工保护和规章制度。公认的观点是，员工需要受到规章制度的保护，免受市场不利因素的影响。弹性工作时间、家庭友好方针和缩短工作时间都是这一趋势的一部分。有些人反对这一趋势：政府部门在工作时间、弹性工作时间和家庭友好方面树立了最佳的实践榜样。与此同时，政府部门面临的缺勤、病假和与工作压力有关的投诉也是最多的。把重点放在选项一上可能很重要，但是，就政府部门而言，这显然不足以激励工作人员。

很明显，许多人都很乐意寻找看似有压力的职业。现代职场中，会计、法律、咨询和金融行业的公司大多要求毕业生参加高强度的实习。尽管如此，毕业生们仍然渴望得到职位。这些是经典的"选项二"类型的职业：工作时间可能很变态，要求也可能很极端，但机会很多。如果人们看到他们在一个有前景的组织中做出了一些有价值的事情，并且能够在一定程度上掌握自己的未来，这就足以弥补某些方面的遗憾。

相反，试想一个人在组织中（大部分是政府部门）承受重压、职业前景不明、自主权有限，唯一的激励来源基本就是选项一中的类型——更多的钱、较低的要求。这样很容易产生冲突和罢工。

选项一和选项二的这种差别对于所有领导者来说都至关重要。最简单的出路是选项一只要奖金进入银行账户，激励的效果就会随之结束。选项二是一条更艰难的路线，但激励的效果更持久：让员工的工作更有意义，创造归属感、机会和认可，更有可能达到激励效果。刻薄的人会争辩说，你这样做是在更残酷地剥削别人（用更低的薪酬让他们做更多的工作）。

> 创造归属感、机会和认可。

作为组织内的中层领导者，你没有太多可以做的事来改变选项一。你必须充分利用组织为你提供的资源。你必须利用选项二中的一些激励技能。

"以教为先"：提供一个激励性的工作机会

乍一看，"以教为先"提供的可能是有史以来为顶尖毕业生设计的最不具吸引力的岗位。它要求他们在英国最具挑战性的特殊学校从教两年，这些学校聚集了背景条件极差的学生。他们要接受为期六周的培训，这意味着必须放弃毕业后的假期。他们的薪酬大约是他们加入一家顶级咨询公司的一半。"以教为先"没有大型招聘单位的优势，是一家初创公司（没有人听说过它）。而且它是一个慈善机构，预算很有限。

在它招聘的第一年，超过5%的牛津、剑桥和帝国理工学院的本科生报名应聘。当时，在特殊学校中还没有这些大学的毕业生任教。自2014年以来，"以教为先"已成为英国排名第一的毕业生招聘机构。尽管毕业生们每天都面临巨大的压力和挑战，但很少有人中途放弃。新教师的热情都很高。

为什么成绩优秀的毕业生宁愿放弃高薪职位，也要参加这样的项目？为什么意识到在这些学校任教的现实挑战后，他们仍然热情不减？

那是因为，这些毕业生具有强烈的社会责任感。"以教为先"给了他们一个做出有价值的贡献的机会。但这远远不够。他们可能满怀激情，也非常有头脑。"以教为先"旨在培养毕业生成为未来的领导者。它为他们提供了更多核心领导技能的实践经验，比如激励他人、影响他人、处理冲突和逆境求生，这比任何坐在电脑前的工作所能提供的实践经验都丰富。从事证券交易或撰写报告得到的薪酬可能更高，但是两年后，与薪酬更高却被绑在电脑前的苦工相比，"以教为先"的参与者的领导技能会得到更大的提升。

在许多顶级咨询公司、投资银行和律师事务所的鼎力支持下，"以教为先"的这一承诺变得可信。项目参与者没有获得丰厚的薪酬与超长的假期。以赫茨伯格的"选项一"来评判，得分很低。但是他们在选项二上收获更多：他们有一份有意义的工作，有真正的前途，得到了高度的认可，被赋予了高度的自主权，并拥有责任感。选项二对雇主和就业者来说都是非常艰苦的，但它可以创造令人惊讶的成果。

激励理论实践：第三部分

生活远比掷硬币或在 X 和 Y 之间做出选择复杂，不同的人在不同的时间有不同的需求。

我在很年轻时就了解了需求的不同之处。我曾前往印度寻求启蒙。当我到达阿富汗时，我花光了身上的钱。当时没有手机可以为情感空虚的人提供安慰，也没有信用卡为手头拮据的人提供救济。

我对启蒙的兴趣直线下降，对金钱的兴趣飙升，所以我在当地医院卖了血。我得到了钱，而不是启蒙，并对此心存感激。

对于富人和成功人士来说，生存是理所当然的事情。许多人通过购买艺术收藏品、捐赠慈善机构，以及以自己的名字命名大学、机构和建筑物追求青史留名。我们中的大多数人大部分时间都处于这两个极端之间。我们希望得到报酬，也想获得归属感，希望我们的工作得到认可。

也许这些都是显而易见的。因此，当我们听到马斯洛需求层次理论的时候会感到惊讶（见图11.1）。

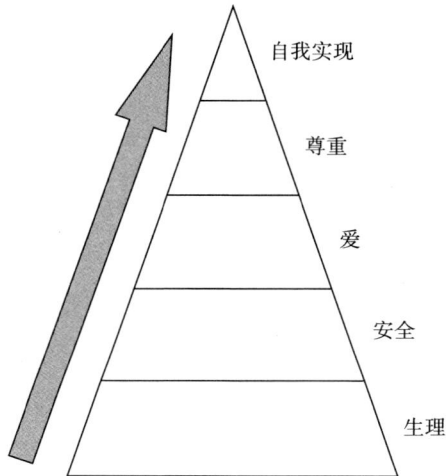

图11.1 马斯洛需求层次理论

资料来源：Maslow, A.H. (1943)'A theory of human motivation', *Psychological Review* 50(4), 370-96.

马斯洛认为，所有人都在不断满足自己的需求。我们需要满足从生存到不朽的不同层次的需求。让我们跟随他一起爬上需求的金字塔，把他的理论运用到领导力中。

- 生理需求是食物和水等物品。没有它们，我们就要忍受饥渴。工资和工作条件是雇佣关系中的食物和水。
- 安全需求是一种安全感，这种安全感一部分来自雇主，另一部分来自你具备完成某项工作的技能。如果最坏的情况发生，你可以凭借这些技能另谋高就。

- 爱的需求。在工作中谈情说爱可能是危险的。因此，与其爱你的员工，不如确保他们有归属感和集体感，让他们得到信任和尊重。

- 尊重的需求。这是关于认可和奖励的。老话说得好："公开赞美，私下批评。"一位领导者要确保他赞美的频率是他批评的频率的十倍。这确实不容易。但是一旦开始细心观察，你就会发现有很多值得赞美和感激的东西。"谢谢"二字价值很高，很容易被说出口却未被充分利用。所以，好好利用它。

- 自我实现的需求。自我实现就是取得成就——创造并留下一个有意义的和公认的传世之物。

如果你问一个领导者，马斯洛需求层次的每一层级意味着什么，他未必清楚。但有效的领导者会凭直觉理解这种模式，并加以利用。

将马斯洛需求模型按照现实工作场景转换而成的未经授权的版本如图 11.2 所示。

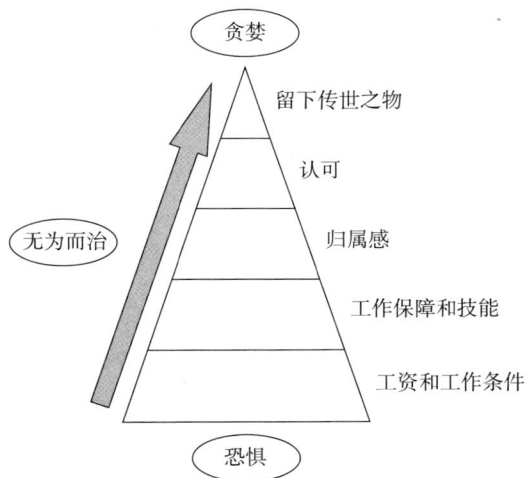

图 11.2　转换后的马斯洛需求层次理论

注：基于马斯洛理论改编而成的领导力理论版本。

每个人都有自己想要的东西，也都有自己害怕的东西。我们担心项目出错，担心供应商或员工出问题。我们有时害怕失业，有时害怕在升职的"马拉松"中被同行甩在后面。我们时时刻刻总有事情要担心。

我们也总有一些想要的东西。也许我们中的许多人想成为亿万富翁、奥斯卡获奖者、体育明星或宇航员。有些人想要同时得到所有，但这些成就并不容易取得。我们总是在权衡我

> **我们也总有一些想要的东西。**

们想要的东西以及实现目标所涉及的风险和需付出的努力。我们厌恶风险（我们害怕失败），我们更喜欢事情变得容易，而不是困难。

一些领导者充分地使用了模型中的恐惧部分。喜欢用恐惧激励下属的领导者强调消极因素："如果你不这样做你就会……"或"你不能犯这个错误"。在短期内，这可能是非常有效的。然而最终，下属会筋疲力竭，感受到巨大的压力并因此离开。与此同时，利用恐惧激励下属的领导者已经取得了成果，并且很有可能已经登上更高的职位了。

有些领导者倾向于利用贪婪的部分。贪婪的对象不仅是金钱，还有自尊，赢得别人的认可和获得不朽的名声。拥有一个教授席位或以你的名字命名的博物馆可以满足你的贪婪之心。即使在职业生涯的顶峰，领导者也会渴望得到更多东西。大多数 CEO 并不满足于仅成为他们所继承的事业的守护者，他们想创造自己的传世之物，渴望得到更多认可。这样一来就会埋下祸根，导致领导者偏离自己的责任。

作为领导者，你可以通过两种方式进行无为而治。首先，不要让你的追随者的生活变得困难。明确你的需要、努力的方向，以及实现目标的方法。为你的团队做出安排并提供指导，尽量减少精力的浪费。通过消除政治障碍，以及使其他内部相关者支持团队试图实现的目标，帮助你的团队取得成

功。其次，不要干扰你的团队。不要过度管理，要在团队框架内进行委派和授权。领导者要承担无为而治的风险，因为他们要放手让团队去做。放手是很难习得但至关重要的一课。

一种流行的领导模式是"走动式管理"（management by walking around，MBWA）。与 MBWA 相反的模式也应运而生："走开式管理"。对于领导者来说，这是令人伤脑筋的——你指导一个团队做某事，你想看看他们做得怎样。你想每隔一会就把种子翻出来，看看长势如何。其实你需要试着放手，在团队需要时提供帮助，但不要干涉。最终结果可能不完全是你所期待的，它甚至可能会更好。不干涉，表明你信任团队，团队成员将得到激励，也会竭尽全力，通过尝试自己做事而不是盲目地遵从你的命令学到更多东西。

马斯洛需求层次理论是相对复杂的。在实践中，领导者无法确认每个人处于哪个阶段，更不用说知道该怎么做了。进入董事会并询问董事会成员处于什么阶段的方法固然可靠，但是这样做实在不明智，也行不通。更简单的方法是记住三件事：恐惧、贪婪和无为而治。

为人们的希望而努力。解决人们的恐惧——人道主义的领导者寻求消除风险和消除恐惧，最终采用无为而治的方式。提供一个清晰的安排和方向，给自己留下空间：不要过度管理。恐惧、贪婪和无为而治对"推销"想法也有同样的作用。如果你的想法燃起了某人的希望并消除了他的恐惧，他会很容易说"是"，很可能说"我同意"。

领导者可能不理解或不关心这个理论，他们只是把它付诸实践。

如何激励你的团队

1. 表明你关心团队的每一位成员，以及他们的职业生涯

   花时间去了解他们的希望、恐惧和梦想。适时利用在咖啡机旁的休

闲时间，而不是在办公室的正式会议场合，这是了解团队成员的最佳方式。

2. 说声"谢谢你"

我们都渴望得到认可——我们想知道自己正在做一些有价值的事情，而且做得很好。对于真正的成就，要发自内心地赞赏，并使其具体落实到人。避免使用造作的管理者一分钟赞赏（"哎呀，你那封电子邮件非常好"）。

3. 永远不要贬低团队成员

如果你想批评某个人，一定要私下进行，并提出建设性意见。不要像责骂学童一样责骂你的团队成员。将他们视为合作伙伴，共同努力寻找前进的道路。

4. 适当授权

授权有意义的工作，以拓展和锻炼你的团队成员。授权常规的低价值工作的同时，授权一些有趣的事情。同时，你的期望要明确并始终如一。

5. 有清晰的愿景

向团队展示你的目标，让每个团队成员都明白如何帮助你实现目标。让每个团队成员都有一个清晰的愿景，知道自己要去哪里以及如何规划自己的职业生涯。

6. 信任你的团队

不要对团队进行微观管理。拿出勇气实施"走开式管理"。

7. 诚实

这意味着与陷入困境的团队成员进行艰难但富有建设性的对话。不要隐瞒或掩盖真相。诚实有助于建立信任，获得尊重。

8.　设定明确的期望

清晰把握每件工作能带来的晋升前景、奖金和预期结果。做好你会被误解的心理准备：人们总是选择去听他们想听的话。因此，请让你的期望简单，经常重复它并使它保持前后一致。

9.　小心过度沟通

你有两只耳朵和一张嘴：以这个比例使用它们，多听少说。然后，你会发现团队的情况、团队工作的动力，并采取相应的行动。

10.　不要试图和下属成为朋友

被尊重比被喜欢更重要：信任是持久的，让人喜欢则变化无常，并会导致你做出微弱的妥协。如果你的团队成员信任并尊重你，他们就会想为你工作。

第 12 章

激励你的团队：实践

在实践中，你如何激励你的团队呢？随着居家办公（WFH）和混合工作制的到来，我们要面临的挑战变得更多。面对面激励人已经够难了，激励无法见到或听到的人更难。第一个弄清楚如何通过电子邮件激励他人的人会因此发大财，因为这真的很难实现。

激励很重要。我们在对 1000 多名在职和新任领导者的调查中发现，领导者及其追随者（下属）都将激励他人的能力视为优秀领导者最重要的品质。幸运的是，超过 70% 的上司认为他们善于激励。不幸的是，只有 37% 的下属同意他们的观点。上司和下属之间存在巨大的激励认知差异，这对你来说是一个绝佳的机会。如果你能激励你的团队，你将超越你的同行，并受到团队尊重。

> **如果你能激励你的团队，你将超越你的同行，并受到团队尊重。**

我们进一步研究了人们在激励方面对领导者的期望，然后考察了具体的情况。我们向受访者询问了那些激励过他们的上司和没有激励过他们的上司。以下是他们对上司的期望。

- 我的上司对我和我的事业表现出兴趣。
- 我信任我的上司：他（她）对我很诚实。
- 我知道我们的目标以及如何实现目标。
- 我正在做一份有价值的工作。
- 我的贡献得到了认可。

我们将简要地逐个介绍，但首先让我们看看还缺了什么。

- 金钱。当金钱被提及时，它被视为一种动力，而非激励。如果你支付给员工的薪酬不合理，那么你就释放出一个信号：要么是你的承诺不值得相信，要么你没有足够重视他们。无论哪种情况，你都破坏了信任，也失去了作为领导者的信誉。
- 家庭友好的工作时间、更短的工作时间、弹性工作时间、办公设施。受访者根本没有考虑这些因素。走领导力之路的人已经下定决心做出自我牺牲，他们很擅长将自己与外界隔离，不会在职业环境中展示个人情感。如果他们有疑问，他们会埋在心底，直到他们决定离开。

再回顾一下人们在激励方面对领导者的各种期望。这些期望很简单。领导他人这件事中没有歪门邪道可以学习。善待下属，尊重下属，你就会得到他们的回应。我们来逐一考察每个期望。

我的上司对我和我的事业表现出兴趣

等级关系是不平等的关系。你对你的下属比他们对你更重要。他们的工作和生计取决于你，而相反的情况只占少数。这也意味着你可能专注于向上管理，但不那么专注于向下管理。大多数人对上司的了解比对下属的多。

作为下属，如果你的上司明显对你的工作不感兴趣，那就会令你感到不安和沮丧。你意识到自己只不过是他们职业生涯中的一次性棋子。你为什么要信任一个对你的工作不感兴趣的上司？

通常，上司和下属之间存在一种隐含的心理契约，这比任何工作描述都重要得多。契约规定，下属将尽一切努力支持上司，上司将安排下属的薪酬、晋升和分工。如果上司不愿意或无法履行合同，那么下属就没有动力去追随上司。

一些领导者非常明确地表达了这一契约。作为回报，他们要求绝对的忠诚。在晋升和奖金讨论会中，他们将非常努力地履行他们对团队的承诺。这样做的结果是组织功能紊乱：组织中会出现权力寡头，他们拥有自己的团队，与自己的团队一起按照自己的规则行事。这种团队往往会对一个维护好他们的领导者表现出极大的忠诚。整个团队变得狂热：关注内部利益、提出过分要求、与组织中的其他部门割裂开。

作为上司，对每个团队成员表现出兴趣的最简单方法是充分利用一个司空见惯的工具：倾听。了解团队成员希望什么和恐惧什么、能做什么和不能做什么、喜欢什么样的工作方式，以及他们期待取得的成就。然后，你就可以在尊重他们和他们需求的前提下与他们讨论工作、绩效和期望。这可以让你实现一个重要的转变：从管理你的目标转向管理你的团队。人们很容易认为管理目标就是管理团队。事实上，这两件事是完全不同的。

对团队成员表现出兴趣并不是取悦他们或向他们示弱。如果你对他们真正感兴趣，你会在早期就期望（工作量、奖金和晋升前景）和绩效与他们进行艰难的对话。对话发生得越早，就越容易帮助你展现你对成员的兴趣，并让你找到可行的解决方案。

这些对话可能不会帮助你更受欢迎，但会极大地帮助你建立信任、赢得尊重。通过花时间倾听和理解你的每个团队成员，你将远远领先于你的许多同行，你会被视为一个值得跟随的好上司。

我信任我的上司：他（她）对我很诚实

"诚实"和"商业"这两个词一般不会同时出现在媒体上。但我采访过的所有领导者，甚至是在投资银行等行业从业的领导者，都强调诚实的重要性。这不是出于名誉、道德要求，更不是让地球变得更美好的愿景，而是因为实际情况就是如此。

你的下属想知道他们的处境。如果他们已经努力工作了一年，并认为自己做得很好，但上司在年度考评中给他们很差的排名，就会带来毁灭性的后果。不诚实不一定就是说谎，而是没有及时说出全部真相，甚至是令人不快的真相。

诚实最终是指向信任的，如果你不信任某人，那么作为他的下属，你很难为他工作。

信任是双向的，尤其是在激励方面。你信任你的上司是不够的，你的上司必须也信任你。一个信任你的上司愿意把所有最重要和最

信任是双向的。

具挑战性的任务委派给你，并给你自主权来完成这些任务。大多数专业人士讨厌微观管理，而办公室是微观管理者的天堂，因为他们可以随意干扰（又名"帮助"）团队。混合工作制的出现使微观管理者更难整天干涉。在这个新的工作世界中，领导者不得不相信信任是双向的，他们必须更多地授权并

更加信任他们的团队。事实证明，这是非常好的做法。信任你的团队并给予他们自主权是非常激励人的，大多数专业人士都愿意迎接这个挑战。

我知道我们的目标以及如何实现目标

目标有时被称为"愿景"。但愿景太宏伟了，听起来和摩西、马丁·路德·金、甘地都有关系，其实没有那么复杂。愿景是你将 IPA 计划用故事的方式呈现出来。对团队在未来三个月要实现的目标做一个简单的说明，让你的员工知道他们在未来六个月内需要提高什么技能水平，以及他们可以采取哪些实际行动。展示业务在未来一到三年内的发展方向，团队需要明确的目标、框架和方向，你需要为他们一一指明。如果你的员工不知道他们的目标以及实现目标的途径，他们很快就会意志消沉。

> **团队需要明确的目标、框架和方向，你需要为他们一一指明。**

我正在做一份有价值的工作

不是每个人都能一直做令人兴奋的、责任重大的工作。有些工作平淡无奇、乏味、压力很大且默默无闻，但也需要有人完成。

修鞋绝不是最令人兴奋的工作。一家修鞋店的工作条件也不会好，有些鞋店甚至只比墙上的窟窿好那么一点儿。与一般工资相比，鞋店工作人员的工资很低；与银行家的工资相比，这份工资简直像零花钱。

然而，约翰·廷普森在他的修鞋店中成功地建立了一支忠诚的员工队伍，并成为人们广泛认可的一位非常优秀的领导者。在他所做的众多事情中，有一件事是专注于客户满意度，并不断认可和奖励优质的服务——他的车里总是有奖品。他确保他赞赏的次数至少是他批评次数的十倍。他的员工专注于他们给客户带来的积极影响——每个满意的客户都认为鞋店员工正在做有价值的工作。

在投资银行业务中，在检查文件方面有很多枯燥的工作要做，但是当你知道，一笔价值 10 亿英镑的交易可能因为文件中的一点错误而化为泡影时，你就不会感觉这份工作很沉闷了。联邦快递曾经有"黄金包裹"的概念。每个包裹都可能包含一些将改变收件人生活的东西，确保每个包裹都能按时送达，突然拥有了实在的目的和意义。即使是沉闷的东西，也可以在正确的背景下变得有价值。

我的贡献得到了认可

我们说得简单一点。如果你的所有努力都没有得到任何认可，你肯定感到沮丧。你可能没有动力去付出更多努力。因此，领导者需要认可团队的努力。一些领导者喜欢将团队获得的荣誉据为己有。在出现问题时，他们往往是第一个逃跑并推卸责任的人。强大的领导者有自信承认团队的成功。

认可团队取得成功是有效的方法，原因如下。

● 它表明领导者已经建立了一个强大而高效的团队。
● 它能激励团队。

认可团队成员的最简单的方法是，在他们带着好消息来找你时停下来倾听。向团队成员询问发生了什么以及他们是如何做到的，让他们重温他们的成功。

像这样投入一点时间会令人愉悦，也是有效的。在一个时间紧迫的世界里，人们很容易把好消息视为理所当然，只是把它听完然后继续处理屏幕上的下一封紧急电子邮件。通过停下来倾听，你能表现出你的关心，也可能从团队成员口中得到有价值的信息。

更正式的认可有多种形式：可以在 CEO 面前替你的团队成员美言几句，也可以花点时间直接对个人或团队诚挚地说声谢谢。认可的方式还包括发奖金、通报表扬、庆祝。加薪通常是最无效的认可形式，因为在大多数组织中，给一部分人加薪不可能被所有人知道。

第 13 章

适当授权

你每天真正工作的时间有几小时？美国劳工统计局估计，上班族平均每天真正工作 2 小时 53 分钟。这可能有些高估：他们假设所有的会议时间都是有效时间。作为一名职场人士，无论我们在办公室里工作多久，无论我们的效率有多高，我们的产出都是有限的。

但是，作为领导者，你的有效工作时间却是无限的。你可以在一天内交付远远超过 24 小时的工作量。如果你建立合适的团队，他们每天可以共同提供数千小时的工作量。你的工作不是自己完成所有的工作，而是确保你的团队能够完成需要完成的事情。这意味着你需要合适的团队，并需要给团队成员授权。

当然，你有很多理由不给团队授权。以下是我常听到的一些原因。

- 我自己可以做得更好。
- 我做起来更快。
- 这件事太重要了。
- 只有我有这方面的技能。

这些借口需要翻译一下。以下是团队成员听到的内容。

- 我自己可以做得更好：我不相信我的团队能做好。

- 我做起来更快：我不相信我的团队会做得很快。

- 这件事太重要了：我不放心交给团队去做。

- 只有我有这方面的技能：我认为我的团队很无能。

欠缺授权是一个糟糕的领导者的标志，代表他不信任他的团队。如果团队实力薄弱，是谁的错？有时，领导者需要照照镜子。如果你对你的团队缺乏信任，那么他们对你而言就不是正确的团队。如果你不授权给你的团队，你的团队就会士气大减。你授权得越少，他们学习得就越少，成长得就越慢。

> 如果你对你的团队缺乏信任，那么他们对你而言就不是正确的团队。如果你不授权给你的团队，你的团队就会士气大减。

以下是授权的意义。

- 你可以集中精力做最有意义的事情。

- 你的团队将学习和成长，成为一个更好的团队。

- 你的团队可能会想出更好的解决方案。

- 你在白天有更多时间，晚上可以安眠。

- 你可以向团队表明你信任他们，从而激励你的团队，信任是双向的。

授权的艺术有两个部分：你应该授权什么和你应该如何授权。

你应该授权什么

如果你问"我能授权什么"，你可能会想出一个简短的清单。相反，你要问："在任何情况下，我不能授权什么？"这样问会给你带来两个好处。首先，它将定义一份工作中你的价值在哪里、你真正的角色是什么，这会帮助你专注于最重要的事情。其次，它会使你能授权其他事情给你的团队。

正如前文所说，领导者不能授权的事情相当少。你不能授权考评、预算谈判、雇用和解雇团队成员。作为领导者，你还会被期望进行政治干预，并在必要时保护和提升团队。

还有一件事你不应该授权：遇到问题，不要把责任推给别人。除非你想在你的团队中创造互相指责、互相倾轧、背后捅刀的文化。不要玩互相指责的游戏，汲取教训比做出评判更

> **遇到问题，不要把责任推给别人。**

明智。了解出了什么问题以及为什么，然后继续前进。指责游戏关注的是过去，而吸取教训是为更美好的未来做准备。

对于将重要任务授权给可能经验水平不如你的下属，你肯定会感到担心。但反思一下你是如何成长和发展的。你之所以成功，是因为你接受了让你捉襟见肘的挑战。面对挑战，大多数团队成员都会抓住机会展示自己。如果你好好地支持他们，他们就会成功应对挑战。

请勇敢地授权给团队。

授权的"天堂"和"地狱"

"天堂"

阿吉特是我见过的悠闲领导者之一。他非常成功，每个人都想和他一起工作。这让他的所有同事都非常恼火，他们工作得更努力，取得的成绩却相形见绌。他的秘诀是几乎授权所有事情。他确切地知道他可以在哪些方面贡献价值：他擅长向客户推销，擅长争取到合适的资源和预

算。一旦确定了他的客户、团队和预算，他就让团队去做事，尽量不干涉他的团队。他信任团队的能力，他的团队也努力工作以取得出色的成绩，同时他们在这个过程中学习和成长。客户得到了一个很棒的结果，阿吉特得到了他的奖金。每个人都很开心。

"地狱"

卡特里娜认为她是一位伟大的管理者和领导者。她自命不凡，觉得任何人都达不到她的标准。无论谁加入她的团队，都未能达到她的期望，尽管有些人在加入她的团队之前和之后都非常成功。

因为她不信任她的团队，所以她尽量不进行授权。她甚至控制了复印机的使用权。当她确实授权时，她也只是授权一些常规的低端工作（如撰写一些格式固定的报告），偶尔授权一些容易出问题的工作，或者已经陷入僵局的项目。接到这类项目的人注定会失败，并会把自己的职业生涯搞砸。如此一来，她擅长的是让团队成员背锅。

即使她真的授权，她也喜欢控制一切。她知道，好的管理者应该永远掌控一切。这意味着频繁的报告加上频繁变化的方向。在她的职业生涯中，有一件事让她颇感沮丧：她发现越来越难让优秀的人才在她的团队中工作，她将其归结为人力资源团队的无能。

你应该如何授权

授权和目标设定密切相关，它们都是重要的领导技能。从理论上讲，做起来很容易，告诉某人该做什么能有多难？在实践中则是知易行难，混合工作制的兴起使它们变得更加困难。在办公室里，授权和目标设定通常是非正式的，采取一系列简短对话的形式，双方都能发现真正的需要是什么：报告应该长还是短；它应该真正涵盖什么；它是否需要事先批准；谁真正需要它，为了什么目标；它是否应该有图形和表格。解释需要"做什么"很容易，而解释"为什么"和背景要困难得多。"是什么"可以在电子邮件中传达，但背景通常来自对话，是一个一起发现的过程。随着报告的准备工作的开展，发现过程仍在继续：新信息将浮出水面，你必须决定你应该在哪里以及多大程度上重新集中精力。在混合工作制中复制这个发现过程要困难得多，因为人们很难在网上复制所有在办公室里自然发生的两分钟对话。

进行良好的授权需要你像记者一样，回答一些最基本的问题：是什么、何时、为什么、什么人以及怎么样。以下是每个问题的含义。

- 是什么：目标是什么？我们怎么知道我们什么时候已经实现了目标？

- 何时：在实现目标的过程中，有哪些关键节点和控制要点，让我们知道我们正步入正轨？

- 为什么：为什么目标很重要，对谁很重要？为你的团队提供一些背景信息，以便他们能够了解挑战及其优先级。

- 什么人：团队成员是谁，他们的角色是什么？谁真正需要这个，我们正在为他们解决的问题是什么？

- 怎么样：我们将如何开展工作？我们将如何应对主要挑战和权衡取舍？让你的团队提出挑战，并探索如何应对它们。授权应该是一种对话，而不是一种命令。

授权不像发射火箭那么复杂，但对于管理者来说，他们很容易只是告诉别人做某事，之后就不闻不问了。请记住，你的团队成员不会读心：他们不知道你所知道的完整背景，不知道你的期望，可能不完全理解你想要什么样

的结果。准备好投入时间，以确保他们真正理
解你想要什么。避免因为误解出现差错或浪费
时间。

> **准备好投入时间，以确保他们真正理解你想要什么。**

　　检测你的团队是否了解你想要的内容。这
意味着不仅是问"你明白吗"，如果他们只是含糊地回答"是"，通常意味
着"不明白"。明白的标准有两种，第一种是他们可以明确地复述你的期望，
如果他们误解了，他们的复述将清楚地表明这一点；第二种是他们开始提出
挑战性的问题，例如问你目标是什么、如何实现目标，以及为何要实现这个
目标。这表明他们听懂了，即使他们还没有同意你说的话。这种积极回应比
他们什么都不做的消极回应更好。消极回应通常意味着他们不理解或不同意
你，无论是哪种情况，他们都没有准备好回答你。

第 14 章

指导你的团队提高绩效

指导不同于非正式反馈。非正式反馈是老板与团队成员之间的经典互动：做出判断并提供支持。指导是一个长期的过程，旨在实现更长远的改进。

指导不只是教练的专利。每个优秀的领导者都需要发挥团队的最大潜能，这需要一系列正式及非正式的反馈、培训和辅导。指导不是提供解决方案或反馈。指导的本质是使员工能够克服挑战，找到解决方案并采取行动。当员工找到自己的解决方案时，他们对工作会更加投入，也更有可能采取行动，并从中学到东西。

> **指导的本质是使员工能够克服挑战，找到解决方案并采取行动。**

指导可以被视为一个活动或一个历程。团队成员来向你寻求帮助就是指导活动。帮助同一个人在一年或更长时间内成长就是一个指导历程。指导活动是指导历程的一部分。

一个指导活动可以用五个"O"概括。

- 目标（Objectives）
- 概述（Overview）
- 选择（Options）
- 障碍（Obstacles）
- 结果（Outcomes）

这五个"O"为有效的指导对话提供了一个简单而自然的结构。把它们想象成一系列红绿灯。一开始将它们都设置为红色，直到你按顺序真正完成每个"O"。在指示灯变为绿色前，不要从一个"O"跳到下一个"O"。这个顺序给了你一个对话的结构，让你以一种对双方来说都自然的方式进行对话。

让我们依次看一下每个"O"。

- **目标**：明确你想要实现的目标。如果你想让某人以某种方式做某事，不要试图指导他们猜测你的想法，而是直接告诉他们。清楚地告诉他们要解决的问题是什么，什么样的做法是有效的。当你发现了某个问题的一些"症状"时，请深入挖掘以找出问题出现的根本原因，而不只是处理症状。处理症状而不是原因，就像使用斑点去除剂帮助患麻疹的儿童一样，治标不治本。

- **概述**：让你的指导对象从他们的角度阐述他们的想法。即使是一个很片面的观点，他们也想让自己的声音得到聆听和尊重。然后鼓励他们从别的角度看待同样的问题。如果他们抱怨另一个部门或某个人的行为，让他们从对方的角度看待问题。当你从不同的角度思考问题时，你就能更好地理解问题，而且很可能鼓励他们想出解决办法。

- 选择：鼓励你的指导对象去思考不同的选择。要避免"按我说的做否则行不通"的情况出现，这种情况往往不会带来进展，反而会导致冲突。避免讨论谁对谁错，这样做是在回顾过去，而不是帮助他们展望未来。即使未来看起来黯淡无光，每个人也都可以做一两件事，以便在不稳定的情况下让团队取得一些进展并增加一些稳定性。探索可能的选择是寻找可能性（而不是不可能性）的艺术，当指导对象探索各种选择时，你通常会发现这些选择中蕴藏着明智的解决之道，你可能已经想到这些解决办法，但你可以让指导对象自己发现它们，这样他们就有了成就感。

- 障碍：障碍是对现实的检验。在确认行动方案前，问一个简单的问题："这个过程中有哪些阻碍？"避免充满热情的下属遇到第一个障碍就逃之夭夭。帮助他们提前识别挑战、做好准备，并应对这些挑战。

- 结果：要求指导对象总结他们的收获。总结的内容包括他们学到了什么、准备采取什么行动。总结的目的是检查他们理解的情况，并帮助双方确定工作要点。

上述内容都不像发射火箭那么复杂。想进行指导对话，你不需要参加一个为期五天的课程，让自命不凡的培训机构给你颁发证书。你只需要知道如何与你正在指导的人进行合理的、结构化的对话。

你只需要知道如何与你正在指导的人进行合理的、结构化的对话。

五个"O"模型为你的指导对话提供了一个简单的框架。当你进行对话时，再记住一个"O"：开放式问题（Open questions）。作为一名指导者，你的目标不是给出答案，而是帮助对方找到答案。他们甚至可能找到一个比你最初想到的答案更好的答案。我们已经看到，在说服别人时，与封闭式问题相比，开放式问题的重要性（第 5 章）。在对他人进行指导时，开放式问题也很重要。一个开放式问题是一个没有"是/否"答案的问题：它迫使对方给出更全面、更深思熟虑的答案。封闭式问题只会得到"是/否"答案，并可能让双方迅速陷入僵局（见表 14.1）。

表 14.1　指导他人的开放式问题和封闭式问题

开放式问题	封闭式问题
他们的反应是什么？	他们不同意吗？
他们期待什么？	这就是他们的期待吗？
销售会议进行得如何？	客户同意了我们的建议吗？
项目进行得如何？	项目完成了吗？

成为一个好的指导者的最后一个秘诀，我们之前已经多次提到。这个秘诀和优秀的领导者以及优秀的销售人员的秘诀一样：我们都有两只耳朵和一张嘴，我们以 2∶1 的比例进行聆听和表达，听得越多，就可能做得越好。

指导下属从失败走向成功

克里斯是英国某郡一个很有前途的板球运动员，有人说他有朝一日能进入国家队。为了增加自己进入国家队的可能性，他决定向本郡的高手请教。他们都很愿意帮助克里斯，每个人都提出了自己的建议：从如何握板到如何站位，从如何位移到如何处理不同类型的球，以及如何预判对手的意图。

克里斯得到的建议越多，他的表现越差。他不仅没能进入国家队，甚至连郡队的位置都难以保住，他的职业生涯面临生死考验。

拉维是球队的投球手，他注意到了正在发生的事情。他的球技很一般，但他决定帮助克里斯。克里斯的心沉了下去：继续听从别人的建议，事情只会变得更糟。

拉维告诉克里斯的第一件事就是不要再听从其他有经验的球员的所有建议。"他们没有告诉你如何成为更好的球员，只是告诉了你他们是如何打球的，每个人的风格都不一样，所以他们的建议互相矛盾，难怪你击球的时候很犹豫，看起来像马戏团的柔术演员。"

克里斯终于明白过来，高手们并没有指导他，他们以为自己打球的方法就是唯一的方法，没有意识到不同的球手可以有不同的方法。在接下来的几周里，拉维帮助克里斯重新认识了自己的优势，并且学习如何发挥这些优势。由于拉维自己球技平平，他没有向克里斯提出任何技术性的建议，只是让他寻找适合自己的方法。在接下来的赛季里，克里斯的水平稳步提升，进入国家队的梦想再次变得触手可及。

作为领导者，我们需要认识到，我们成功的方式并不是放之四海而皆准。取得成功的方法有很多，让你的团队成员发现适合他们的方法，不要把你的方式强加给他们。

指导历程

大多数指导模式之所以失败，是因为它们只是为一次指导活动创造了结构，而没有向前更进一步。这样做或许能帮助下属迎接一项具体的挑战，但是这还不够。作为一个领导者，如果你只是把时间花在帮助别人解决问题上，那么你会遇到下面的问题。

- 你的指导没有系统性，只是在应付各种随机出现的问题。
- 你的指导对象不会在思维方式、业绩或者行为方式上得到系统性的改进。
- 你的指导对象会对你产生依赖，学不会独立应对挑战。
- 你只是被动应对各种情况，没有积极主动的指导计划。

成功的指导关系基于一个结构化的过程，有开始、中间和结束。在开始指导任何团队成员前，你需要与他们达成一致，看看他们需要从指导关系中实现什么目标，需要达到什么要求。只有当你知道他们的现状（他们的需求是什么、机会在哪里），以及他们的目标（他们希望接下来的一年里如何改进）时，你们双方才能达成一致。

一旦你们就指导目标达成一致，指导过程中具体的指导环节的目标就更容易确定。一般来说，一次指导环节有三个目标。

1. 解决指导对象当前面临的挑战。尽管制订了全年的计划，你仍然应该让指导对象提出他们当前关切的问题，即便这些问题与长期目标没有关系。

2. 对照年度目标回顾进展。鼓励指导对象反思你帮助他们获得了哪些他们所需要的技能。让他们从自己擅长和不擅长的技能中学习。

3. 回顾从你们上次见面至今，指导对象在哪些方面做得好，哪些方面做得不够好。找出每一种情况背后的原因。这样做是为了帮助指导对象进行自我指导。大多数指导模式都不全面，它们只关注缺陷。作为领导者，你应该让你的团队发现他们做得好的地方、发现自己的长处、发现如何发挥自己的优势。你还应该让他们树立起足够的自我意识，知道自己在做什么、怎么做。这样，他们就能进行自我指导。

大多数指导模式都只强调上述三点中的第一点。而领导者和教练的指导模式的区别在于第二点和第三点。与传统的指导模式相比，这两点为你提供了更加积极主动的途径，帮助你的团队建立自己的优势。

说到这里，人数不断增长的"教练"们可能会怒发冲冠。他们会坚持说只有公正、独立的人才能成为有效的指导者。这纯粹是废话。一个优秀的领导者必须是一个优秀的指导者。好的指导能够帮助每一个团队成员取得佳绩，还能帮助他们建立对你的信任和信心。只要向他们展示你的关心，你就获得了他们对你的忠诚与投入。这是无价之宝。

好的指导能够帮助每一个团队成员取得佳绩。

第 15 章

管理绩效

绩效管理陷入困境。自 2015 年以来，通用电气、埃森哲、GAP 和信诺等 30 多家大公司放弃了员工绩效排名。这些公司发现，他们的绩效管理系统并不管理绩效，而是跟踪绩效。年度考核制度不再有用，超过 90% 的管理人员和员工表示不喜欢它；人力资源团队表示，它没有提供准确的信息，也没有很好地应对不断变化的工作性质，因为工作的风格越来越不明确。远程和混合工作制的出现使领导者更难知道谁真正贡献了什么，因为他们看不到团队成员整天在做什么。

幸运的是，本书自第 1 版问世以来就致力于提出可以替代绩效跟踪的方法，该方法可以真正地实现绩效管理。它包括三个阶段：事前管理、事中管理和事后管理。所谓的"事"可以是一个会议、一个项目或一段为期 12 个月的时间。

事前管理：心理契约

绩效管理始于绩效出现之前，你在对绩效进行管理前，必须认同它的性质。明确是什么、什么人、要多久、怎么样和为什么等有关绩效的几个问题。你不应该在此时发号施令，双方应该就期望展开对话。你希望在规定的时间内，利用给定的预算，得到一定的结果。你想听到的是这么做是否可行，你需要提供什么支持，对方希望得到什么回报。

这就是你和你的团队或者各个团队成员之间形成心理契约的基础。这种契约可能是非正式的，但至少和绩效跟踪系统中的正式要求一样重要。正式系统是需要遵守的游戏规则，而从非正式系统关系中可以得到信任。如果你违反了非正式契约，你就会破坏信任。因此你需要花时间确保心理契约公平并与下属达成一致。如果你只对下属发号施令，你的命令对他们来说就只是另外一些要求，如有必要他们会将其视作儿戏。

> **你需要花时间确保心理契约公平并与下属达成一致。**

事中管理：少即是多

我小时候收到过一个礼物——郁金香球茎。我很激动，决定对球茎进行严格的"绩效"管理。我每天都将它挖出来至少一次，查看长势如何，然后再用土把它盖上，施一些有机肥（粪肥）。毫无悬念，它一点都没长。有些领导者就是用这样的方式进行绩效管理的：他们总是检查团队的情况，在上面倒一些管理粪肥，随后琢磨为什么自己的团队失败了。

严格管控会带来两个问题。第一，你管控得越多，你向团队展示的信任就越少。如果你信任他们，他们通常会做出积极回应。我带领一个学校领导团队去参观路虎的生产线，他们很惊讶地发现生产线上的员工没有受到监督。员工正在自我监督——生产线上的每个工作站都有大量的绩效数据，他们自豪地向我们展示和解释。如果出现问题，每个团队成员都可以停止整条线路。这是任何一家现代汽车工厂的标准做法，它为团队提供了一定程度的自主权，然而许多传统领导者仍然对此心存疑虑并竭力避免这样做。

第二，你干预得越多，你带来的额外工作就越多。每次你要求更新报告，团队都会花时间准备更新，无论你说什么，他们都要有所回应。你每提一个问题，都会带来更多工作。每次你提出建议，也会有更多工作产生。控制更多意味着信任更少、士气更低、工作更多。

> **你干预得越多，你带来的额外工作就越多。**

你可以尽量减少管控，事先约定关键日期和重要的时间节点。那就是你需要更新信息的时候。你只须四处走走就会知道团队成员是否正在变得焦虑、过度疲劳或压力过大。你会从团队成员或与他们有关的人员那里识别到危险的信号。此时就需要你插手干涉。你要提供帮助，而不是施加管控。

在混合工作制下，你不能简单地四处走动。与管理混合工作制中的所有事情一样，你必须在领导方式上更有目的性和深思熟虑。这意味着在管控开始前要花费额外的时间，以确保你已经设定明确的目标，其中的内容、原因和方式不仅被团队成员理解，而且被转化为他们自己的（参见关于授权的第 13 章）。在跟进团队成员的工作时，你需要小心。如果你问"进展如何"，你可能会得到一个模糊的答案，相当于什么也没告诉你。你必须通过探索发现主要的挑战、风险和障碍是什么，并确认你的团队成员每天工作的时间有多晚／多早。具体而非笼统的问题会告诉你事情到底是怎么回事。

相信你的团队——你能减少工作量，而他们可以取得更多的业绩。成功的绩效管理的核心就在于无为而治。

事后管理：聚焦学习和成长

我们对失败和成功的反应不同。从绩效管理的角度来看，这两种反应都没有益处。

对失败的反应通常是否定，或者秋后算账，找一个替罪羊。秋后算账一点用也没有——人们学不到什么，而指责的游戏会强化政治斗争和团队分裂的文化氛围。

对成功的反应也是无益的。我们倾向于认为成功是正常的——我们都很聪明，所以成功自然会随之而来。成功并不是自然的。成功的路上总是荆棘密布：与平稳运作、永不出错的机器相比，危机、混乱和错误更常见。由于我们将成功看作自然而然的事情，我们很少从成功中总结经验。

无论成功还是失败，我们都应该找到原因。这么做的目的不是褒奖或指责，而是学习和成长。

这里的诀窍在于发现自己和团队成功的原因。一旦发现自己为什么成功，你就能做得更好。即使遭遇挫折，也能从中发现一些做得对的地方。关注那些正面的东西，并从中学习。

诀窍在于发现自己成功的原因。

通过事后检视帮助团队学习和成长。养成习惯后，你的团队的能力就会迅速提升，而你做的便是真正的绩效管理。

本书第 43 章将介绍你及你的团队如何学会成功。

从绩效跟踪到绩效管理

在企业生活中，评估是不可避免的，但它也暗藏危险。用质量大师

W. 爱德华兹·戴明（W. Edwards Deming）的话来说，"它（评估系统）提高了短期绩效，扼杀了长期计划，制造恐惧，摧毁团队合作，造成敌对情绪和政治斗争"。许多公司现在意识到它们必须应对这个问题。

使评估发挥作用的关键是从绩效跟踪转向绩效发展。这是一个相当简单但功能强大的转换。与其关注成就（即绩效跟踪），不如关注发展（支持绩效管理）。这在理论上听起来很奇怪，但在实践中很简单。表 15.1 和表 15.2 展示了两种途径的差别。

表 15.1 展示了用跟踪的视角对一位上任 12 个月的经理进行评估的结果。

表 15.1　新经理的绩效跟踪

	低于平均值	平均值	高于平均值	优秀
团队合作	√			
问题解决		√		
人员管理	√			
战略思维		√		
授权	√			

这个评估结果很可能会彻底摧毁这位"新经理"。告诉一位新晋升的经理，他在大多数指标上都低于平均水平，会引发激烈和对抗性的争论。我们总是面临压力，要让人们的评价结果高于平均值。一般来说，90% 以上的员工的评价结果都会高于平均值。这在统计学上是不可能的，但从情感上这样做又是必须的。这样做会带来过度期待，绩效跟踪很少带来诚实的对话。

表 15.2 展示了用发展的视角对同样的对象进行评估的结果。

表 15.2　新经理的绩效发展

	初级管理者	成长中的管理者	成熟的管理者	高级管理者
团队合作	√			
问题解决		√		
人员管理	√			
战略思维		√		
授权	√			

这些"√"都勾选在与之前相同的格子中，但结果完全不同。比起争论，你们更有可能进行建设性的对话。初级管理者看到自己在大多数方面被归为"初级管理者"，一点也不会感到惊讶。而且对于自己在其他方面的成长，他有可能会感到惊喜。后续对话就是讨论在接下来的一年里如何继续成长和发展。有了这个框架，你可以让每个员工都进行自我评估。这种评估可以鼓励反思，通常会比较客观地反映每个人的表现。

更激进的选择是废除整个正式的绩效管理系统，Adobe 就是这样做的。Adobe 的目标是阻止管理人员躲在技术和表单后面，并鼓励他们更频繁、更真诚地与每位员工进行确认。换句话说，目标是管理绩效，而不仅是跟踪绩效。这是所有优秀的领导者都应该做的。

目标是管理绩效，而不仅是跟踪绩效。

第 16 章

处理绩效不佳的问题

在大多数组织中，至少有 90% 的员工被认为高于平均水平。这在统计学上是不可能的，但在情感上是不可避免的。老板不喜欢给出坏消息，团队成员也不喜欢得到坏消息。因此，人们幻想大多数人都高于平均水平。但是，在某些时候，领导者必须处理现实的问题，即并非每个人都达到预期。

一些公司的极端反应是每年解雇表现最差的 10% 的员工。不过采取这种方法的公司会发现，它是助长分裂和办公室政治的好方法。这也是失去人才的好方法：即使是表现最好的人，也会在某一段时间因为很多原因（包括运气不好）表现很差。

如果你认为一个团队成员的表现没有达到预期，你应该先寻求理解，再做出判断。一旦做出判断，你就会找出大量的证据来支持你最初的偏见。确认性偏差让我们盲目：我们不可能看到与我们的判断相矛盾的证据，或我们会找到理由驳回这些证据。一开始有帮助的是理解力，而非判断力。

你可以通过在以下四个方面提出问题促进理解。

- 照照镜子

- 了解情况

- 了解过程而非结果
- 评估反应

照照镜子

实质和风格经常一起出现。人们很容易把信心误认为能力，把缺乏信心看作缺乏能力的标志。更危险的是，人们很容易不喜欢在工作中遇到不同或不寻常风格的人。如果你通过一个有色且充满不喜欢的滤镜看待某人的表现，那么你就很容易对这个人和他的表现做出负面评价。

问问自己，你是否喜欢你正在评估的团队成员。如果你喜欢他们，你会给出正面的评价；如果你不喜欢他们，那是一个警告信号。抛开你的个人偏见，倾听第三方对他们的看法，并尝试客观地了解他们的表现。

了解情况

我们都时时面对挣扎。很少有领导者能声称自己从未经历过挫折。

当我们挣扎时，我们会找到很多原因。

很少有领导者能声称自己从未经历过挫折。

- 我被赋予了完全不合理的目标。
- 我没有得到管理层的支持。
- 供应商、其他部门和同事让我失望。
- 我没有足够的预算和资源。
- 我在错误的职位上。
- 我的家庭情况非常困难 / 我患有严重疾病。

总的来说，我们经常会找到很好的理由来解释为什么未达成期望不是我们的错。当我们找借口时，它们是完全有效的理由；当一个团队成员提出同样的借口时，我们会对他不承担责任感到愤怒。一如既往，这是一场将在模棱两可的灰色地带进行的对话。抛开你的个人偏见，在适当的时候，通过团队成员的角度看世界。他可能有一个合理的情况，在这种情况下，你需要专注于改变情况，而不是改变这个人。除非你找到正确的诊断方式，否则你无法找到正确的解决方案。

了解过程而非结果

每个人都有一些灰暗时刻：世界几近崩溃，一切都是错的。在这些时刻，无论作为团队成员还是团队领导者，你都可能得出完全错误的结论：你可能认为团队成员不能胜任这项工作。

如果你所做的只是看灾难性的结果，你就很难对绩效得出一个积极的结论。这是退后一步观看整个过程，而不只是结果的时刻。如果你或你的团队成员能在遇到困难时退后一步，你们就会发现这是一个有用的应对措施。

当你回顾整个项目时，看看你或你的团队成员在过去一年、两年或三年里的进步。如果你发现项目没有进展，或者像电影《土拨鼠之日》[1]中的主人公一样被不断重复的模式卡住，那么这显然是一个警告信号。但更多时候，你会发现项目已经取得进展。与观看灾难性的结果相比，回顾整个过程将为你提供一个更积极和富有成效的视角。

员工明显的"职业死亡"历程有一些经典的模式。

---

[1] 《土拨鼠之日》是 1993 年上映的一部美国电影，主要讲述主人公被不断困在同一天的故事。——编者注

- 一再未能遵守最后期限或达成最终目标，随后恳求改变最后期限或目标，并否认这些最后期限或目标首先是公平的、可实现的或明确的。

- 不承担责任：责怪他人。

- 当事情出错时沟通不清，进行"他说／我说／她说／我说／他们说"的讨论。

- 变得隐形：在最后阶段，病假和其他缺勤时间增加。

- 同事们的投诉越来越直接。

如果这是你正在经历的事情，那么现在是时候让该团队成员在组织内或组织外寻找一个不同的岗位了。这是一场你必须面对的艰难对话，因为最终，组织的生存优先于个人的生存。

组织的生存优先于个人的生存。

评估反应

专业人士对待挫折的反应可能非常有启发性。最优秀的专业人士会把挫折看作学习和重新定位的绝佳机会。他们不会逃避挫折，他们会向前一步并从中学习。向前一步意味着他们将承担责任、清晰地沟通、保持可见性并解决问题。这样做的团队成员更有可能成功而不是失败。

相比之下，那些逃避责任、分散责任、满是借口且未能及时采取行动的人，正是仍在挣扎且将来也可能挣扎的人。一个人对待挫折的反应，将决定你要与他开展一场更进一步的积极对话，还是开展一场请他离开的艰难谈话。

第 17 章

艰难的谈话

没有人喜欢艰难的谈话。艰难意味着人们经常回避这类谈话，而问题也会因此持续发酵。如果幸运的话，问题会自行解决；更多的时候，问题会愈演愈烈，谈话变得更加艰难。领导者不能一直高枕无忧，你必须及时、适当地处理好艰难的问题。

下面的专栏为你提供了 10 条建议，帮助你将艰难的谈话变得富有成效。

应对艰难谈话的艺术

1. **明确目标**

   通过谈话明确你想要实现的目标。你应该预判谈话的结果：谈话结束后会有什么改善或改进？发泄你的愤怒、斥责别人或义愤填膺可能会让你感觉更好，但这些无助于改善你们的关系，也不会提升业绩。

2. **做好准备**

   努力了解情况：从同事那里寻找正确的数据或观点。由于误会，很多艰难的谈话会变得更加艰难。因此从一开始就要消除误会。然后确保你选对时间和地点开展谈话。所谓正确的时间，是指在当事人记忆仍然清晰的时候开展谈话，当然也不能选择大家的情绪还没有完全平静下来的时候。找到合适的地点，在私密的场合进行，也就是只有你们两个人的地方。只要有第三个人在，就是公开场合，每个人都会公事公办。

3. **阐明议题和目标**

谈话最艰难的部分就是开始。说明议题，切中要害，保证谈话有一个建设性的结果。你可以这样开始："我们的重要客户在上次会议上的反响很糟糕。我们谈谈该怎么应对，以便在将来得到满意的反馈。"避免这样的开始："你让客户很失望，谈谈这是怎么回事吧。"这种说法不会产生积极的结果，只会导致冲突。

4. **争取理解**

避免误会，从问题开始。开放式问题会鼓励对方做出充分的回答。例如"谈谈事情的经过，还有你是怎么看的"，你可能还需要确定问题是否真的存在，因此要说"你想在这个会议上达成什么目标"。你还可以用封闭式问题进一步推动对方，比如："这真的是你想要的结果吗？"

5. **不要离题**

当对方开始否认（"没有什么问题呀"）、回避（谈论其他问题或计划）或争论（"我说／她说／但是他没有／我的意思是／他们不愿意／那你为什么不"一类的辩解）时，艰难的谈话会变得更加艰难。关键在于让谈话围绕未来的目标：你要紧紧围绕目标，不要离题。

6. **保持尊重**

永远不要贬低任何人，尤其是在形势紧张的情况下。不要带有个人情绪，如果有人变得情绪激动，甚至流下眼泪，那就休息一下，让对方平静下来，这样讨论才会更加理智、更有成效。这样也可以避免别人说你乘人之危。

7. 注意言行

注意你的语言、语气和肢体语言。避免过度自卫、带有侵略性或情绪化的状态：一旦你表现出这样的倾向，谈话就无法完成。谈话之前静静地想一想，以便你能为谈话做好准备，沉着冷静地开展谈话，表现出专业水准。

8. 共同解决问题

如果你已经想到自认为完美的解决方案，不要说出来，而是询问对方会怎么办。他们有可能想到更好的解决办法，如果办法是他们自己的，他们会更投入，致力于将其变为现实。如果你把想法强加给他们，他们可能会致力于证明你的想法是多么愚蠢而无效的。

9. 确保达成一致意见

一个常见的错误是交谈结束后，双方看起来都很开心，但是没有达成一致意见。结果你发现你们离开时仍然各持己见，谈话的效果瞬间土崩瓦解。谈话结束时，询问对方接下来会怎么办。如果他说的和你期待的一样，你们就达成了一致意见，否则，你就应该知道你还要做更多工作。

10. 一定要开展谈话

这是最关键的一点。不要回避任何艰难的谈话，不要将问题推给上司或同事。这种谈话永远都不会完美，但是你经历得越多，你就越擅长，越能让谈话变得富有成效。

并非所有艰难的谈话都是公开的。如果你要宣布关于薪酬、奖金、晋升、任务或工作前景的坏消息，那么就没有必要进行虚伪的公开讨论。你需要做好准备、保持尊重、注意言行。但是你要快刀斩乱麻，直截了当地宣布坏消息。避免过多地解释或讨论，否则只会让问题变得更加混乱，也给了别人和你讨价还价或和你装可怜的机会。只有等大家明白和接受了你的决定后，你才能做出解释或继续进行下一步。

你要快刀斩乱麻，直截了当地宣布坏消息。

如果想成为领导者，你就必须应对艰难的事务。可喜的是，你经历得越多，处理它们就越容易，越得心应手。

第 3 部分

行动：实现目标

高效的营销人员与低效的营销人员的效率存在天壤之别。例如，美国大都会人寿保险公司发现，最出色的保险业务员比最差的同行效率高一倍。这在销售类工作中是一个正常的结果。因为在这些工作中，人们容易对效率进行比较。大多数专业性工作不像销售类工作那么清晰明了：成功没有那么明显，它既取决于数量，又取决于质量。对不同职业人士的效率进行比较，其难度要大得多，因为大家的工作内容不尽相同。这意味着不同职业的工作人员之间的效率差距很可能比销售人员之间的差距还要大。坦率地说，工作量难以确定的人比较容易被忽视，但销售人员无处可藏。对效率的比较与工作经验也有关。在你工作的地方，你或许知道谁能做成事情，谁会逃避事情。效率最佳与最差的人之间的差距，甚至会高达四倍，尽管这点很难被证实。

那么就实现目标而言，需要具备哪些条件才能进入高绩效团队呢？有三个要点。

1. 非常清楚地知道自己的目标和重点。你应该知道自己想取得什么样的成就。如果你不知道自己想要什么，那么你不大可能找到一个目标。聚焦目标会让你从日常管理的"噪声"中区分出"信号"，既要应对噪声，也要挤出时间，朝自己的目标努力。这听上去有点耳熟，因为它正是 IPA 计划中的一部分——有明确的想法。

2. 寻求帮助。你无法单枪匹马做成一切。因此你需要建立一个团队来帮助你成功。跨越组织的各个层面建立一个有影响力、能够为你提供支持的关系网，这对你很有帮助。这听上去同样有些耳熟：这是 IPA 计划中的团队部分。一旦有了好的想法、优秀的团队，你就已经踏上成功之路。

3. 掌握好技能。这是你个人能够带来变化的地方，也是所有领导者处理的事项。本书其余部分会对此进行重点讨论。

你已经掌握运营、财务、法律或你的专业领域的一些专业技能。作为领导者，你还需要掌握另外三种技能，本书第 3 部分将着重讨论以下三点。

1. 组织技能。作为领导者，你应知道如何领导变革，如何让项目成功，如何控制成本，如何处理预算、危机和冲突，以及如何在不确定的情况下做出和改变决定。这些技能通常是政治性的。所有组织都是政治性的，你必须掌握政治的艺术。政治是让你为之工作的组织为你工作的某种技能。这些技能中的任何一种都需要花几年的时间才能掌握，但基本原理都很简单，而且会在下面几章中一一呈现。

2. 个人技能。如果你必须向一个五岁的孩子解释你一整天都在忙什么，那么向对方解释你如何管理全球供应链的错综复杂的事务意义不大；但如果你说你会见客人，与之交谈，倾听他们的话，阅读并起草文件，那么对方也许能明白你在忙什么。这就是领导者每天实际所做的一切，也是他们身处的平凡的世界。有些领导者善于此道，有些则不然。磨炼好这些技能，你就能在同行中脱颖而出。本书第 4 部分将探讨这些技能。

3. 思维技能。你的行动只是思考方式的呈现。如果你想了解领导力的密码，仅仅模仿领导者的表象（行动和举止）是不够的。你必须学会像领导者一样思考。幸运的是，最好的领导者会表现出一贯的思维方式，让我们可以在一定程度上学习；学习任何一种思维方式都可以对你的领导力实践产生巨大的影响。（这是本书第 6 部分的重点。）

本书的第 3 部分从让变革发生开始，因为这是领导力的核心。你只有改变目标、优先事项和人，才能带领人们取得他们自己无法取得的成就。

第 18 章

管理变革

　　领导力意味着带领人们取得他们自己无法取得的成就。这意味着变革是领导力的核心。对于一个领导者来说，仅维护或改善现状是不够的，这是任何管理者都应该做的，也是非常艰苦的工作。领导者是通过改变事物的运作方式和走向全新的愿景让变革发生的。

　　从理论上讲，我们都应该喜欢变革。变革带来进步和繁荣，比如将全球经济连接在一起的新技术和更高的效率。

　　在实际生活中，如果其他人和其他公司发生变革且有利于我们，我们会喜欢变革。但当我们自己不得不变革时，变革突然间变得不那么有吸引力了。变革不再与机会相关，而是与风险相关。变革意味着改变我们的工作方式，也许还会改变我们的雇主、工作场所以及工作性质。我们必须学习新的生存和成功规则，很难讲这对我们是否有利。变革力度越大，人们感知到的风险就越大，主动和消极的抗争就越激烈。

　　因此，如果你真的想变革，就会真的面对抵触。这改变了领导力的定义，从"将人们带到他们自身无法到达的地方"变成"将人们带到他们（一开始）不愿意去的地方"。

如果你真的想变革，就会真的面对抵触。

人们在考虑变革时，总喜欢将其视为一个理性的过程（可以由甘特图或 PERT 图表示），但是这种看法大错特错，现实截然不同。变革意味着人的改变，因此变革的过程充满了感情色彩。变革也意味着组织的改变——集体中层级地位的变化意味着变革也是一个高度政治化的过程。

变革意味着人的改变，因此变革的过程充满了感情色彩。

如果你希望变革成功，你就需要在三个层面上管理好变革过程。

- 理性层面
- 政治层面
- 情感层面

勤奋的项目经理将在项目的理性世界中工作。作为变革型领导者，你必须应对同事的政治和情感议题，以实现变革。"应对政治和情感议题"听起来含糊不清，还有点不合时宜，其中大部分都可以归结为经验。如果你缺乏这类经验，它就对你的变革没有多大帮助。即使你确实有经验，在变革时，手头有结构更清晰的东西，也比只拥有与生俱来的天赋和直觉更好。上一次有效的方法，这一次可能在不同的情况下起不了作用。

在实践中，有三种行动方式可以帮助你最大限度地增加成功的机会。

1. 为成功而变革

2. 管理变革过程

3. 管理变革中的关系网

为成功而变革

大多数理智的人不喜欢变革。变革意味着不确定性和风险。即使"我"现在能成功，一旦遇到新的环境，有了新的老板，做着新的事情，"我"怎么知道自己还能不能成功呢？"我"对变革的掌控力越小，"我"就越害怕它。因此，主宰变革的是 FUD 因素。

- 恐惧（Fear，F）

- 不确定性（Uncertainty，U）

- 怀疑（Doubt，D）

少数不受 FUD 因素影响的人是 CEO、高层领导者和顾问。他们能够掌控变革，而且知道如何从中受益。

实际上，大多数变革项目在开始之前就成败已定。作为领导者，你的关键作用在于确保变革的目的是成功而不是失败。你可能认为这会花很多时间，但是为了确保成功，付出这些时间是值得的。多年来，人们一直用一个简单的公式预测变革的成败，虽然从数学角度来说，精确性仍然不够。这个公式如下。

$$V + N + C + F \geqslant R$$

V= 愿景（Vision）

这不是"拯救地球"一类的愿景，而是你对未来的完美想法。它应该体现你的组织、团队或机构如何发生变化，以及如何因这种变革而变得更好。这便是 IPA 计划中的想法。要想让愿景引人注目，就必须让它和每个人都有关系，要向人们说明他们在变革中如何发挥作用，以及他们将如何从变革中受益。

N= 需要（Need）

无论组织还是个人都应该感觉到变革的必要性。要让大家明白，无所作为的风险远大于有所作为。要让人们对无所作为心存畏惧。这样说虽然不太厚道，却非常有效。CEO 们经常创造一些"燃烧的平台"来达到这个目的。归根结底，他们认为如果没有变革，公司会因为竞争、严格监管或技术落后而倒闭。与失业的风险相比，变革的风险变得很低。而 2020 年疫情的暴发表明，当有一个真正的燃烧平台时，公司可以改变得多么迅速。

C= 变革能力（Capacity to change）

如果组织缺乏变革所需的技能或资源，那么光有愿景和需要是没有用的。你的团队成员需要知道他们能否顺利渡过难关。你的变革能力取决于两点。其一，你需要资源来实现它——你需要预算，还有团队和高层管理者的支持。其二，你需要建立可信度。如果每 6 个月就宣布一个新的变革提议，3 个月后提议就被大家忘得一干二净，那么大家会彬彬有礼地对你的最新提议置若罔闻。一定要让大家看到这次变革是来真的，这将使你迈出第一步。

F= 最初步骤（First steps）

我们生活在一个追求即时满足的世界里。我们想要自己支持的人获胜。我们可以利用这一点，寻找一些早期的胜利——一些早期成功的迹象，这将把所有怀疑者和骑墙派都拉上船。你可以兴奋地大声宣传你取得的任何进展，让你看起来像在乐队花车的最前列，让其他人进入你的花车。

R= 变革的风险与成本（Risks and cost of change）

变革的风险通常可以通过公司的一些标准流程化解，比如风险日志、问题日志和缓解措施，但它们的作用比较有限。它们所处理的是变革带来的理性风险，大多数管理者处理此类风险都得心应手，但变革的真正风险不是理性风险，而是情感和政治方面的风险。情感风险涉及那些感觉变革带来威胁的个人。政治风险则来源于对现状的挑战、威胁到其他部门的地位，以及扰乱整个组织。

情感和政治阻碍很难被发现。通常，它们隐藏在一大堆合理的反对变革的理由背后，例如"这成本太高"或"客户会讨厌它"。这些都是借口，真正的风险是"我感觉自己受到威胁"和"我的部门受到此威胁"。如果你只处理合理的反对意见，你就会失去重点，陷入一场无关紧要且毫无胜算的辩论。花点时间和每个人单独交流，弄清楚每个人真正的计划并设法应对，你会发现那些合理的反对意见神秘地消失了。

作为领导者，制订全盘计划有益无害。要不断提醒大家关注愿景，并将其与他们的需求联系起来。逐步让大家意识到他们需要变革，意识到无所作为的风险。找到一些早期的成功案例来鼓励大家，并确保有足够的能力支持变革。这些都需要与降低风险相平衡：真正喜欢冒险的人屈指可数。人们感知到的风险越大，对变革的抵触就越强。把变革的风险降低，且不让任何人妨碍你。

> **逐步让大家意识到他们需要变革，意识到无所作为的风险。**

管理变革过程

项目经理可以管理变革的技术性和合理性方面。作为变革型领导者，你必须管理变革的政治化和情绪化后果。大部分重大的变革计划都会经历一个可预测的情绪化和政治化的循环（见图 18.1）。

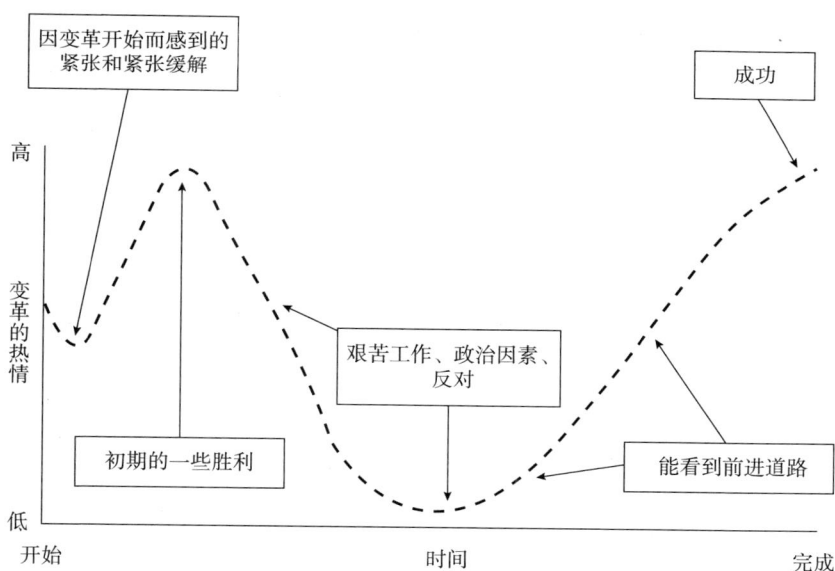

图 18.1　变革与死亡之谷

如果你成功地使用了变革方程式，那么会有一些人在早期就对变革充满热情。而一些早期的胜利会让更多怀疑者改弦更张，一切都开始变好。然而也正是在这个节点上，事情开始出错。在最初的激情消退后，人们慢慢地意识到所需变革的规模，他们开始看到变革所带来的合乎逻辑的结果，你所描绘的变革中那激动人心的愿景被所需要的努力和要冒风险的现实掩盖。

变革很少因一个事件失败，通常会慢慢陷入绝望的沼泽。看到第一个成功迹象就急不可待地上船的一些可同甘不可共苦的朋友们，会在遇到麻烦时弃船而去。他们现在和你的变革保持距离。他们可能会提供建议，却是暗藏杀机的建议。如果接受他们的建议，他们会声称是他们扭转了局面。如果你拒绝建议，他们就有证据表明，正因为你拒绝了他们的建议才失败了。突然间，你孤立无援、四面楚歌。

不可避免的是，对于变革中期出现的危机，预防胜于治疗。如果你在项目管理和变革进程方面都为成功设定了正确的先决条件，你就会渡过难关。如果条件没有成熟就过早启动变革，则可能失败：或许是因为大家对愿景没有足够强的信念，或是没有足够的政治支持来说服变革的反对者。

奇怪的是，死亡之谷对于大多数成功的变革计划至关重要。只有在死亡之谷中，人们才能充分意识到他们需要进行的变革的规模。反对变革是最可靠的信号，表明人们终于认真对待了变革，他们参与其中。不要避开死亡之谷，将它找出来。

在我发起的大多数重大变革中，我都提醒客户或倡议者注意变革周期和死亡之谷。一旦他们知道迟早会遭遇死亡之谷，他们就不那么担心它，他们意识到这是自然的，并准备好去克服它。有时候，CEO 就像一个长途旅行中的孩子一样，不断地问："我们到了吗？这就是吗？我们到死亡之谷了吗？"落入死亡之谷是很不舒服但很重要的体验。正是在这一刻，每个人都意识到他们不能再重复旧方式，即使他们还不知道未来会怎样。只有在这一刻，每个人才会真正明白现实并准备继续前进。

追随者通常在死亡之谷中放弃。领导者展望未来：他们把目光集中在最终目标上，并找出实现目标的方法。当其他人只看到问题时，你会通过提供解决方案和展开行动脱颖而出。

> **领导者展望未来：他们把目光集中在最终目标上，并找出实现目标的方法。**

在这种沮丧的境况中，人们想要的是解决方案。死亡之谷是你的关键时刻，是你证明自己能力的时刻，也是你学到最多、成长最快的时刻。

如果所有这些都能在你的变革遇到危机时给你带来一些希望，那么它们至少还是有益的。记住，成败的区别往往只在于是否能坚持不懈。

管理变革中的关系网

为取得成功而进行变革，这其中有一个很大的问题。领导者通常希望每个人都进入他们那欢天喜地的花车。正常情况下，这是不可能的。总会有一些顽固分子抵制所有事情。成功变革中的关系网由那些拥有确保变革成功的力量、技能和资源的人组成。此外，变革领导者需要组织内的相关群体支持他们。试图让整个组织参与进来，这本身就是一个陷阱，将面临如图 18.2 所示的挑战。

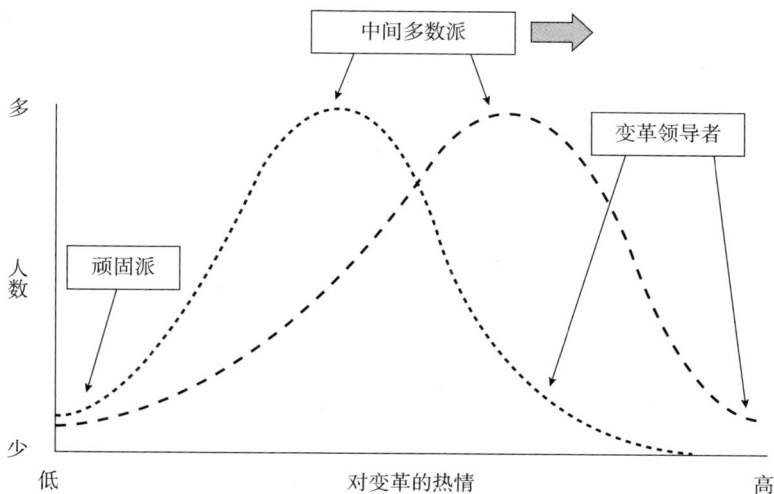

图 18.2　变革的钟形曲线

图 18.2 表明，大多数人基本上对变革的想法漠不关心。在实践中，他们的热情会根据他们在变革之旅中所处的位置而起伏不定，但钟形曲线效应将永远存在。

变革的钟形曲线两端总是存在极端的人。一端是变革的热衷者，你可以把他们作为变革的积极领导者和早期适应者纳入自己的队伍。在另一端，有些人总会抵触到底，不要在他们身上浪费时间。让他们看到变革在取得成效，给他们时间做出决定。他们会开始感到孤独，感到变革的列车已经出发，而他们被遗留在站台上。他们可以决定离开或加入。如果他们想通过躺在列车前的铁轨上抗议，让他们知道火车无论如何都不会停下来。抗拒改变的人会消耗你大量的时间和精力。在实践中，你需要让大批人从保持中立转向勉强接受变革。同样，不要指望每个人都会成为变革的拥护者。

争取关键的大多数

在一家化学品公司，工厂经理对他无法实施一套新的工作方案感到沮丧，我们应邀提供支持。我们很快就听到了员工对整个变革想法的强烈反对，并且他们态度强硬。他们用尽一切理由反对，从成本到工作与生活的平衡，再到健康和安全，他们还威胁要罢工。但我们发现，反对意见都来自粉末工厂的一小群员工和管理人员，其他大多数人都默默地表示支持，却被几个色厉内荏的中层管理人员吓得不敢出声。工厂经理被这些反对者控制了——他们成功并有效地否决了他的计划。

我们没有把重点放在反对者身上，而是放在了支持者身上。当我们开始在支持度更大的领域实施这些变革时，人们意识到他们喜欢这些变革，并更加大胆地支持它们。我们不需要与反对者谈判——他们一个接一个地做出自己的决定。有些人参与了该计划，有些人选择离开。作为变革的领导者，不要一直试图取悦所有人，否则你将一事无成。

除了群众，你还必须建立正确的权力网络来支持变革。建立网络和联盟是身处矩阵中央的你取得成功的关键，也是第 32 章的主要讨论内容。

第 19 章

应对冲突

即使在运营得最好的组织中也会存在冲突。如果没有冲突，领导者应该高度警惕，因为冲突是组织发展过程中的重要一环。

我们一定要强调的一点是，在任何组织中，资金、管理时间、技能和资源都是有限的。不同的产品、功能和地区必然会有不同的视角和优先级。人们都在争抢同一个有限资源池中的资源，随之而来的部门之间的争夺战可能是光明正大的，也可能是阴险狡诈、卑鄙肮脏的。总而言之，竞争和冲突无处不在。对于许多中层领导者来说，真正的竞争不在于市场，而在于坐在不远处的办公桌前，与自己争夺同样的资源和晋升机会的同事。

即使在你的团队内部，竞争也在所难免。良性的冲突是一个健康团队的标志。它表明，这并非一个墨守成规的群体，而是一个拥有不同技能和观点的团队，需要的时候团队成员会随时挑战彼此，甚至挑战你。如果缺少冲突，则表明你的团队想法完全相同，而团队成员也只会人云亦云。

如果我们认识到冲突是任何组织中正常生活的一部分，我们就可以迈出处理它的第一步。冲突所涉及的不是人或个性，而是职位和优先权。我曾经问过很多领导者，他们是如何处理冲突的。他们都遵循同一套原则。

- 永远不要回避冲突：拥抱冲突。冲突决定了如何确定优先事项和做出决策。它磨炼了未来领导者的领导力和人际交往能力。

- 将冲突去个人化：永远不要把冲突个人化，即使它本来就是这样的。关注利害攸关的问题和利益，而不是人的性格。

- 超脱自己：观察事情的真相，不要感情用事。一旦你发脾气，别人就不会再听你说下去。想想你钦佩的领导者或榜样会如何处理这种情况。一位领导者将处理方式称为"戴上领导者的面具"。你可能内心情绪翻涌，但要戴上你理想中的领导者的面具，并用它指导你的行动。

偶尔，一些冲突确实会使人变得情绪化和不愉快。与计算机不同，人类确实有情绪。这些事件很少发生，但很危险。如果处理不当，即使是无辜的一方也会受牵连。在这样的时刻，有一个简单的模型可以作为指导。试着记住这一点：从 FEAR 到 EAR。

FEAR 代表人们面对敌意的自然反应，也代表我们第一次见 CEO 之前的感受。这种感受曾经对我们很有益。当我们的祖先面对一只剑齿虎时，这种感受会提醒他们战斗或逃跑。一见 CEO 就与之交锋或逃跑，对你是没有帮助的。

错误的反应是让 FEAR 占据上风，FEAR 代表以下四点。

- 与人激烈交战（Fight furiously，F）。

- 与对手情绪化对立（Engage enemy emotionally，E）。

- 与所有人吵架（Argue against anyone，A）。

- 报复、反驳、失去理智（Retaliate, refute, repudiate reason，R）。

如果这是你工作的最后一天，使用 FEAR 可以让你快意恩仇。但是，将 F 从 FEAR 中取出，留下 EAR，它们才是应该用来开启倾听的内容。EAR 代表以下三点。

- 同理心（Empathise，E）。
- 认同对问题的看法（Agree the problem，A）。
- 解决问题向前看（Resolve the way forward，R）。

如果你想要直接"解决问题向前看"，只会招致更多的争论。另一方会反对你所说的一切。你需要让他们冷静下来，从他们的角度看待问题。这并不意味着拥抱他们，而是意味着使用积极的倾听技巧，关于这一点我们将在后面介绍。当你倾听时，你会发现更多关于他们遭遇困难的本质原因，以及他们为什么会感到危机重重。不要试图争论，要试着去理解。赢得朋友，而不是一场争论。一旦你赢得了一个朋友，即使情绪泡沫下有任何实质性的分歧，你都有机会赢得这场争论。

赢得朋友，而不是一场争论。

只有找到双方都同意的问题，你才能开始寻找解决方案。一旦你们对于问题产生的根本原因达成共识，你就有机会找到前进的道路。

第 20 章

应对危机

危机是好事。它们是让你学习最多、发展最快的时机。在危机期间，你的生活将被按下记录键，并充满鲜明的色彩，为一生创造回忆。危机也是让你留下印记的机会，在你解决危机时，每个人都会注意到这一点。危机也可以让你的职业生涯变得更好，而非更糟。当然，在危机期间，你的感觉不会那么正面：你会遇到压力、逆境和人为制造出的大多数负面情绪。如果你能退后一步，从更长远、更积极的角度看待危机，你就可以在短期压力中生存下来。

在实际操作中，以下四个方法可以让你更好地处理危机。

- 对你的危机形成积极的看法（如上所述）。
- 寻求帮助：不要独自承受和挣扎。
- 直面危机并应对它（见下一页的专栏"如何应对危机"）。
- 获得应对危机的经验。

你经历的危机越多，你就越善于应对它们。与领导力的大多数方面一样，危机管理的重点是模式识别。一旦你识别出一个模式，你就会知道如何应对它。这同时意味着你不应该逃避挑战和危机，而应该利用它们。

有些人很幸运，他们从未遇到过真正的职业或商业危机。然而，大多数人发现他们在职业生涯的某个阶段遇到了危机。这会让你感到非常孤独，而唯一能让你摆脱危机的人就是你自己。在组织的中层，许多未来的领导者发现自己想要全身而退，前往苏格兰建立自己的素食农场。这是很自然的，最初的职业热情已经消失。通往山顶的漫长道路看起来没有尽头，同时发生了别的事情：压垮骆驼的最后一根稻草已经放到了骆驼的背上。

成功和失败的区别在于是否坚持。成功的领导者能化解危机。尼采说得对："那些打不倒你的，终将使你变得更强大。"而此时，其他人正在清理他们农场的有机肥料。

如何应对危机

1. **尽早承认问题**

   不要否认；不要回避危机，因为它不会自行解决。

2. **掌控局面**

   明确目标；提出解决方案，而不是问题；要有计划。

3. **快速行动**

   避免因为分析过度而缺少行动；果断行动，关注结果。

4. **集中精力把能做的事做好**

   聚集干劲和信心，从点滴开始行动，不要担心你无法掌控的事情。

5. **寻找到足够的支持**

   不要做孤胆英雄，要找到能为解决方案的集中交付提供支持的资金、技能、权威者和支持者。

6. **反复沟通**

   排除恐惧、不确定性、迷惑和疑虑；语言表达要清晰明了，前后一致。用简单的故事讲述你的目标和实现目标的办法。

7. 积极乐观

人们不仅会记住你做了什么，也会记住你的行为。成为追随者的榜样，为周围人树立行为标准。

8. 不要责怪别人

一定要表扬那些提供了帮助的人；不要回头去分析问题再责怪他人；要营造出一个积极乐观、以行动说话的文化氛围，而不是充斥着恐惧和无所作为的文化氛围。

9. 展示你的同理心

识别他人的顾虑，管理好自己的情绪和恐惧；戴上领导者的面具；展示信心和同理心。

10. 充分利用好危机

危机是"危"也是"机"，能让你一举成名、出类拔萃、与众不同。你遇到的危机越多，就越会更好地应对它们。

培养韧性

应对危机的最好办法就是尽早培养韧性。对于 20 多岁的人来说，应对危机和失败并非易事。但如果最坏的局面真的出现，他们可以在相对年轻的时候东山再起。如果 20 多岁的人想要从头再来，那么读一个 MBA 是一条安全、体面的道路。

相比之下，从未经历过危机的 40 岁的人，就会拥有一位 CEO 所说的"脆弱"的信心。他们看起来不错、听起来不错，看上去很自信，但是当他们面对一个真正的挑战或危机时，他们会崩溃，因为他们没有备选项。他们辩称自己离开这场毫无意义的竞争是多么高兴，并声称自己一直梦想着创办有机农场，但是他们的神情令人心碎。

许多培训生项目并不会培养毕业生的韧性。这些项目会测试毕业生对艰苦工作的接受程度，但那与韧性不同。"以教为先"项目是一个例外。优秀毕业生在英国一些最具挑战的学校任教两年。这在某种程度上是一个残酷的经历，但这培养了毕业生强大的信心、韧性和人际交往能力，而这一切是他们的同学永远无法获得的东西，尽管那些毕业头两年每天盯着电脑，进行债券交易或者研究的同学收入更高。未来的领导者需要在职业生涯的早期学会承担风险、了解逆境和培养韧性。人到中年，再去试图学习这些东西是很困难的。

那些谈论应对危机的领导者也谈到了解自己的重要性。有些人忙于工作，在工作中失去了自己。当危机来袭，或者退休时，他们没有任何东西可以依靠。他们变得依赖自己的工作，他们活着就是为了工作。我采访过的几乎所有领导者在工作之外都有积极的生活。他们因此多了一些独立性，使他们能够更好地应对挑战。

最终，每个人都需要了解自己。并不是每个人都能成为领导者，也并非每个人都必须成为领导者。如果你更喜欢钓鱼，那就专注于此。

第 21 章

协商预算和目标

成功通常由你所取得的结果定义。从逻辑上讲，这意味着你应该尽可能争取最大的成就。但还有另一种定义成功的方法。

$$成功 = 结果 - 期望值$$

实际上，人们恰恰是用这个公式评判你的。这就是 MBO（按目标管理）和 KPI（关键绩效指标）的世界。它们是谈论期望值的宏大而正式的方式。这一公式意味着你必须在两个方面下功夫：交付结果和设定期望值。你获得的几乎所有培训和支持都与取得成果有关。然而等式的另一半——设定期望值，或多或少被忽略了，但它对你是否能在别人眼里获得成功至关重要。一些初出茅庐的管理者经常接受具有"挑战性"的目标，因为这样做听起来很有气概。相比之下，更有经验的管理者会把期望值定得较低，这样就很容易达成目标。

管理期望值

下表展示了管理期望值的重要性。初出茅庐的管理者接受一个具有挑战性的目标，并交付了比有经验的管理者更好的结果。但关键的区别在于，有经验的管理者会协商一个低期望值。到了年终，初出茅庐的管理者会发现，由于一些目标未能实现，人们对他的评价并不高，还要为他提供补救性支持。而有经验的管理者虽然业绩稍差，但因为达成目标而获得了丰厚的奖金，如表 21.1 所示。

表 21.1　初出茅庐的管理者与有经验的管理者的期望值

	初出茅庐的管理者	有经验的管理者
目标	150	100
取得的结果	125	120
结果减期望值	−25	20

你可能认为认真严肃的领导者不屑于此，但所有的领导者都这样做。观察新上任的 CEO 接任后会发生什么。他（95% 的顶级公司的 CEO 仍然是男性）做的第一件事就是给公司里里外外算个总账。他描绘了一幅迫在眉睫的灾难性画面，甚至警告公司没有利润，但幸运的是，他恰好是能扭转局面的英雄。他把期望值定得很低，然后可以超额交付，证明他正是自己所声称的那位英雄。

如果你是一个领导者，你就一定知道这个游戏，而且你自己也玩过。这个游戏不可避免地有正反两个方面。如果你是目标的执行方，你当然想要将期望值设置得很低；如果你是目标的制定方，你自然想要将期望值设置得较高。你会听到各种各样的理由，抱怨你的目标不合理。很多时候，恰恰是不合理，才可以带来很多好处。设置目标正是这样的时刻。如果你的目标设置得比较低，那么可以肯定的是你取得的结果也会比较小——目标常常是自证预言。

如果你的目标设置得比较低，那么可以肯定的是你取得的结果也会比较小——目标常常是自证预言。

在预算方面，同样的原则也适用，但正相反。如果你正在设置预算，你自然希望将它设置得很低，以使有限的资源可以用在更多的方面；而如果你是得到预算的一方，你自然希望越多越好，这样才能有资源来支持你实现目标。二者的差异可以在表 21.2 中看到。

表 21.2　领导者和管理者对预算与目标的看法差异

	领导者制定预算与目标	管理者接受预算与目标
预算	设置低预算	要求高预算
目标	设置高目标	要求低目标

从本质上讲，制定和接受预算与目标是一种谈判，也应该以这种方式看待二者。领导者就像客户，希望以最少的钱买到最多的东西；管理者就像供应商，想要花最少的力气赚到尽可能多的钱（预算）。如果你接受年度预算周期的正统做法，你会发现自己手持一把烂牌。等到你的预算被审核时，你的期望值早已被设定好，你根本没有机会更改它们。

那么你应该如何商谈预算和目标呢？可以尝试以下四种做法。

1. 尽早出手。
2. 讲述一个故事。
3. 了解流程。
4. 管理好今年的业绩。

尽早出手

期望值通常是在默认中产生的。今年的预算往往是明年预算的风向标，在此基础上加加减减。这对你的帮助可能很有限。在正式预算周期开始前，尽早积极主动地设定期望值。在

今年的预算往往是明年预算的风向标。

周期的早期，有足够的回旋余地；而随着流程的推进，越来越多的决策会被做出，你对结果的影响力会越来越弱。你必须积极主动。与其等待正式流程送达，不如从第一天起就使用你的非正式人际网络影响流程。

讲述一个故事

不仅要讲述一个故事，还要把这个故事一直讲下去。你是自己所在领域的专家，其他人需要时间和精力来挖掘你的数据并挑战你。利用这种知识的不对等发挥你的优势。证明你的部门由于一些特殊原因，明年将面临不寻常甚至前所未有的挑战，需要制定较低的目标和较高的预算。一定要收集到所有的事实，免得被人轻易质疑。然后持续讲述自己的故事，百折不挠地宣传它。如果你保持沉默，什么样的预算和任务都有可能落到你头上。

持续讲述自己的故事，百折不挠地宣传它。

了解流程

了解正式预算周期何时开始，哪些人参与其中，以及何时确定大概的框架。确保通过在合适的时间向合适的人提出你的情况来影响大的框架。这里所说的合适的人很可能比你高两个层级，在这种情况下，你需要准备一个简单的故事，让你在走廊里偶然遇到他们时，可以通过 20 秒的交谈告诉他们。要确保你们会在走廊里偶遇，并为此做好准备。准备好与关键同事进行更详细的讨论，他们可能从事财务或规划工作，并将推动自上而下的流程。不要等自上而下的流程自行来到你身边，那就为时已晚，你的命运在很大程度上已经尘埃落定。

管理好今年的业绩

如果你今年业绩斐然，那么最高管理层将把今年的结果作为明年的基线。如果你今年创造了小小的奇迹，明年你将不得不创造大的奇迹。当你意识到今年的业绩将会非常出色时，你可能想调整一些数据，比如提前支出、推迟确认收入，以创造一个明年可接受的基线。

第 22 章

控制成本

作为领导者，一个让你快速失败的方法是未能控制成本。意外地超出预算，即使超出一点，也是一场灾难，原因如下。

- 这表明你缺乏掌控力，你将不再被别人视为可靠的领导者。
- 这让你的上司感到惊讶，而他们不喜欢惊讶。
- 这会在整个组织中造成问题，因为整个组织都需要弥补你的不足。

仅靠成本控制，你不可能成为一名杰出的领导者。但是，如果你不能很好地控制成本，你根本无法成为领导者。以下是避免预算灾难的十条建议。

1. 前置业绩。运用 52/48 法则。目标是在今年上半年以 48% 的预算完成 52% 的业绩。然后继续使用这一法则，在前 3 个月使用上半年 48% 的预算完成 52% 的业绩。下半年出现意外情况并不妙——52/48 法则可以保护你免遭不愉快的意外。这也是推动团队取得更好表现的有效方式。

2. 评估现状。至少每个月评估一次。如果有任何部门落后于计划，你都需要尽早帮助他们并给予鼓励。频繁地评估还会向你的团队传递一个信息，即预算对你和他们来说都是一个高优先级事项。

3. 尽早行动。如果你的预算有误，请尽早采取行动。行动越晚，事情就越糟糕。你会越发显得失去了掌控力，而你用来弥补错误的时间也会变少。

4. 运用财务控制。财务控制是痛苦的，但它的存在是有充分理由的。一定要与财务和内部审计人员交朋友，并确保他们的管理规定得到了严格落实。

5. 关注累计数额。累计数额可能会破坏预算。如果在当年晚些时候有一笔开支，你最好现在就心中有数，以免到时候这笔费用发生时你会大吃一惊。累计数额的特点是平时人们不会注意它，一旦注意往往为时已晚。

6. 明智地花钱。你知道年底时，自己会捉襟见肘，需要填补其他地方的窟窿。你的预算可能会被削减，其中第一个被削减的就是可自由支配的支出。如果你有重要的自由支出项目，比如带领团队到外地开会，请不要将其留到第四季度。

7. 给下属压力。你的团队总是有需要支出更多的理由。设置一个基本规则：如果能在其他地方找到经费，就可以花更多钱。一旦有省钱的机会出现，比如，可以将预算内聘用某个人的事推迟一两个月，就千万不要放过它。

8. 深藏不露。要有所保留。如果别人看到你在预算没有用完的情况下实现了目标，就很有可能在年中给你增加任务。你节省下来的钱将被用来填补其他地方的亏空。尽量不要过早让人知道你的成功，否则你会为此付出代价。

9. 处理好数字。对于如何确认成本和收入，以及确认支出属于资本支出还是经常性支出，人们总是比较灵活。利用这种灵活性发挥你的优势：在年底资金短缺时，这种灵活性恰好可以助你一臂之力。如果你的支出远远低于预算，则可以使用此灵活性减少年终结果——在较低的基线下快速开始明年的工作。

10. 树立榜样。向大家表明你很在意预算。自己用钱时不要大手大脚。专注于正确的事情，不要试图控制对复印机的使用权，而是控制可以改变年终结果的数字。

财务控制为何重要

我们创办了一个新的慈善机构，雄心勃勃，但资源匮乏。因此，我们全力以赴地提供我们的核心服务。我们认为像财务这样的部门只会消耗我们宝贵的资源，是毫无产出且开销庞大的部门。

直到某一个月，我们开始改变看法，因为我们突然发现财务部门差一点拖欠工资。我们的财务经理发现时已经为时太晚。于是我们决定寻找一位新的财务经理，应该多花点时间招聘到合适的人。

新财务经理的能力比前一位强，但还没有强到能给他自己开出未经授权的发票而不被人发现的地步。还算幸运的是，银行帮我们发现了问题，我们得以逃过一劫。

于是我们决定在财务方面投入相应的资金，我们的新财务主管似乎非常有能力，而且她作为财务主管非同寻常的一点在于，所有员工都喜欢她。这可能与她顺带向他们出售廉价 CD 有关。我看到她时，她正在把大笔现金放在沙发下的鞋盒里，我问她为什么，她回答："这是我卖 CD 的钱，我不太相信银行，最好把钱放在我看得到的地方。"

几星期后，她一反常态没有来上班。当我们在新闻中看到她时，终于明白了她旷工的原因：她一直在协助一个持枪黑帮抢劫银行。难怪她不相信银行。

我们终于认识到，我们必须充实财务部门的制度，让它变得刀枪不入。幸好我们采取了这样的措施：几年后，这个措施帮我们发现一名财务部门的新员工企图使用虚假供应商的发票骗钱。

只有别人才会遇到诈骗和财务方面的不法行为，真的是这样吗？

第 23 章

构建你的机器：成功的节奏与惯例

你需要一台"机器"来让事情发生。人员、金钱和计划都很重要，但没有机器，你将无法快速取得进展。领导力机器有以下七个部分。

1. 项目管理

2. 战略规划

3. 信息管理

4. 绩效管理

5. 发展计划

6. 薪酬和奖励计划

7. 沟通

如果你看着这七个部分，怀疑它们更像管理学的内容，那么你的怀疑是对的。这台机器既可以提升你的能力，也可以将你困住。你必须了解自己和机器的关系。

将所有时间都用来处理这台机器的七个部件其实很容易。你将忙于处理常规事务和各种意外情况。只要将这台机器操作好，你就会成为一名非常有成效的管理者。

而作为领导者，你的角色不是操作机器，而是制造机器，并确保它按照你想要的方式工作。如果这台机器不按你的想法运行，那就由你来决定是否改变它。例如，对于绩效管理系统，你既没有处置权，也没有更改权，但你有权去修改执行该系统的方式。作为领导者，你必须确保你是机器的主人而不是机器的奴隶。

我们将简单地分析如何制造这七个部件来满足你的需要。

项目管理

项目管理触及了提出伟大想法的痛处，你将不得不应对大量日常的噪声，但你还是可以做出一两个决定，带来一些变化的，你需要把重点放在这些决定上。

作为领导者，你可能偶尔必须直接掌控某个项目。但是，对于大多数项目，你在项目管理中的工作不是事必躬亲。你的工作是为你的团队取得成功创造条件。这意味着你应该专注于以下几点。

- 确保你的团队有正确的目标，并得到正确的资源和正确的支持。所有这些都发生在项目开始前：80% 的成功是由团队正式开始工作前付出的 5% 的努力决定的。
- 确保团队没有用错人。一流团队可以化腐朽为神奇，二流团队是压力、危机和表现不佳的代名词。
- 为你的团队提供保护。作为领导者，你必须处理来自公司高层的政治阻挠，消除障碍，为团队开展工作铺平道路。
- 提供正向治理。你必须监督项目进度，但不是成为一个控制狂。最出色的领导者在制定目标时可能不近人情，但对实现目标的方式通情达理：他们不允许别人就需要完成的工作及期限与他们讨价还价，但他们对团队决定如何实现目标持灵活态度。

- **保持授权。** 当你的团队尝试将所有问题推给你时，将寻找解决方案的责任分派给他们。赋予他们权力，让他们负起责任。

战略规划

所有领导者都知道何时该遵守规则，何时可以打破规则。你在公司制定正式规划的过程就是开始打破规则的理想机会。

制定规划的过程为你挑战规划提供了框架。如果你只是按部就班地遵守流程，你就会被体系及捍卫该体系的人（战略规划者）束缚，很可能得不到想要的结果，原因如下。

- 今年的战略是明年战略的最佳风向标。这意味着你能行使领导权力的空间很有限，也很难带领你的团队到达他们自己无法到达的地方。
- 今年的预算也是明年预算的最佳风向标，但会进一步降低成本，提高收益或产量。你将被要求以"更快更高更强"的奥运精神经营公司。作为领导者，你不想跑得更快：你想往不同的方向走，或买一辆自行车。你需要改变交战规则。

> **今年的预算也是明年预算的最佳风向标。**

对于领导者而言，制定战略规划是一场必须要打且一定要打赢的战斗，因为这个过程决定你的命运，决定你用什么样的资源，取得什么样的成就。赢得战略规划的方法是遵循威尔士橄榄球队过去的非正式座右铭："先下手为强"。率先出击，出手要狠。如果你有一个明确的规划，你需要早在制定规划过程正式开始前就向关键的影响者和决策者兜售它。

你的目标是确保最高管理层给规划人一些能满足你需要的规划设想，这些设想将成为整个规划过程与辩论的框架。一旦这些设想得到了确认，你就已经入围。这些设想不是凭空想象出来的，通常是高层广泛讨论后得出的结果，议题就是公司应该先考虑哪些问题。如果你希望这些设想对你有利，你就要使你的目标与最高管理层的目标和优先级保持一致。如果高层认为你在帮他们实现他们的伟大目标，那么你自然会得到支持和预算。

请一定确保你在控制这台机器，不能让机器控制你。

信息管理

生意场上有一条公认的真理：你会得到你所衡量的东西。你的机器会衡量出什么是对的，然后在正确的时间给你提供正确的信息。

你会得到你所衡量的东西。

你可以从机器中获取四种类型的信息。这些信息大致对应于平衡计分卡，平衡计分卡是开发于 20 世纪 90 年代的一种流行技术。

- 财务信息：财务信息至关重要，但有两大弱点。其一，管理层会钻制度的空子。你必须努力挖掘才能找到标题数字背后的现实。其二，财务信息总是在"向后看"。如果总是盯着后视镜来驾驶，你无法驶向未来。在实践中，你需要信息来帮助你了解未来，而这通常来自对市场的分析。协商预算和控制成本已经在前几章讨论过。

- 市场信息：信息是有用的，但情报更好。作为领导者，你需要有关市场的信息和情报。市场信息将告诉你市场规模、市场份额、竞争和客户的发展趋势，而良好的销售漏斗将告诉你有关近期前景的信息。它会告诉你发生了什么，不会告诉你为什么会发生，或将来会有什么变化。它更像定性的情报，让你知道竞争对手在规划什么、客户如何评价你们，以及客户如何使用你们的产品和服务。这种情报像原料，能让你决定如何塑造未来。

- 运营信息：关注内部一些重要的成功迹象。你必须确定哪些关键数据对你的机器至关重要。这些数据可能是周期时间、单位成本、产量、利用率、员工流失率和质量等。运营信息应与你的战略重点保持一致。

- 关于未来的信息：关于未来的信息是很珍贵的。其中一些来自良好的市场情报，一些来自公司内部。你的机器现在需要适应未来。这意味着你需要一个囊括一系列研究、测试、新计划和项目的渠道，以开发下一代产品和服务。

这四种类型的信息看起来与传统的信息管理系统截然不同，后者在处理财务数据方面往往很强，在其他方面则很弱。太多的信息管理系统（MIS）就像一个醉汉，他在树林里丢失了房子的钥匙，却在灯柱下寻找。如果只在容易的地方寻找，你既找不到你的密钥，也无法获得重要信息。有时，你必须在难度很大的地方寻找。

在实践中，MIS这台机器无法提供你最想要的大部分信息。要找到你需要的信息，你必须动动腿、动动嘴。对于局外人来说，这看起来像在八卦中浪费时间，但并不是。"侦察不误作战"，你要与员工、同事、供应商和客户交谈。

如果你完全依赖这台机器，你就会成为它的奴隶。一定要超越机器去寻找你最需要的信息。

绩效管理

每家公司都有正式的绩效管理体系，它通常给人带来当众受辱的体验：每一位下属扮演儿童，上司则扮演一位成年人，表扬或批评下属的表现。改变绩效管理体系不值得你去争取，除非你有权对它进行修改。你需要应对其他战斗，所以尽量用好现有体系。

最好的绩效管理不是通过公司的正式流程实现的。绩效管理每天都在实时进行。为了行之有效，就必须区分学校所谓的规范性评估和形成性评估。

- 规范性评估比较传统，它告诉人们他们做得好还是不好。本质上，你按照最高分 10 分为他们的表现打分，就像在学校里一样。像对待学龄儿童一样对待你的团队并不是一个好方法。

- 形成性评估不关注团队取得了什么成绩，而是关注团队如何做某事及如何做得更好。它带来了更具建设性的成人与成人之间的对话，让绩效管理与发展相结合（见下文）。

如果你采用的是日常绩效管理，那么你的正式系统仅是在做记录，只是将你们已经讨论或同意的事记录下来。

作为领导者，你或许无法改变系统，但你可以调整系统的工作方式，让它符合你的需要。

发展计划

在撰写本书的过程中，我进行过研究，询问过成千上万的人他们想要从领导者那里得到什么。研究的结果也在其他地方被印证。但是，这项研究中还包括一个问题，它能精准预测某位上司在大多数领导艺术评判项中的得分是高还是低。通过这个问题能确认你的下属是否认为你是个好的领导者。问题如下。

"我的上司关心我，也关心我的职业生涯。"（在一张五级计分表上选同意 / 不同意）

如果你能表现出你关心每一个团队成员，你将成为人们想要跟随的领导者，而不是人们不得不跟随的上司。

要表明你关心团队成员的职业生涯，这远远超出了每年谈论一次发展计划的范围。你必须了解每个人想要什么。我们知道，雇员和雇主并不期望他们的雇佣关系可以天长地久，因此不要要求团队成员对你百分百忠诚或对工作充满百分百的激情。要表现出你理解他们的人生规划。你只是他们成功的助力者，要帮助他们更上一个台阶。只要把这点做好，他们大概率会决定追随你。

薪酬和奖励计划

薪酬不会让人更快乐，但可以让人不快乐。即使你给团队成员发一份超额奖金，他们的感激之情也只会持续到转账至其银行账户为止。但是，如果一个团队成员没有得到像预期那样多的薪酬，他们不仅会不开心，还会失去对你的信任与信心。这意味着你不能依赖这台机器带给你想要的东西，即有动力、全身心投入的团队成员。

成功的薪酬管理不是来自盲目遵循制度，而是来自很好地管理期望。软弱的领导者会对薪酬、奖励和晋升做出半遮半掩的承诺。他们会说这样的话："我会尝试……我会尽力而为……我会调查的。"这没有用，因为说者无心，听者有意。下属听到的是，你正在致力于实现它。当你回来后说："我试过了，但是……我尽力了，但是……我调查了一下，但是……"下属将对你的借口置若罔闻。你将失去所有信誉。

不要掩盖真相。尽早就期望值进行艰难的谈话，要比之后就借口进行不可维持的谈话好。只要以诚待人，通过艰难的谈话就可以建立信誉和信任。这可能是一次富有成效的谈话，在这个谈话中，你可以和团队成员讨论需要做什么来实现他们的奖金和晋升目标，并就此达成一致。

沟通

我们的前辈深受信息过少之苦，我们则被信息泥潭淹没。过多的沟通只会让信息过剩的局面更甚。你可以将一整天都花在电子邮件和各种会议上（而且经常是同时），结果一事无成。混合工作制的到来使得沟通的诅咒更加严重，Zoom 这样的线上会议软件带来的厄运是真实存在的。

当我们整日被这样的软件束缚时，我们会成为技术的奴隶，而不是它的主人。

沟通是头猛兽，领导者必须为沟通和会议构建清晰的节奏与惯例才能驯服它。

一个好的开始是减少电子邮件的使用。电子邮件有两个主要问题。

- 没有人能通过电子邮件建立信任或理解。比起在办公室的面对面交流，发送电子邮件更像创建证据的有效线索而非有效工作。如果你居家办公，那么视频通话是一种更好的沟通方式。当你和别人实时交谈时，你可以看到或至少听到对方的反应，从而可以快速消除误解。

- 电子邮件是一种私人沟通渠道。如果你的沟通必须是异步的而非实时的，那么开放式沟通通常比封闭式沟通的效果更好。越来越多的公司正在转向开放的沟通平台，如 WhatsApp 和 Slack，整个团队都可以轻松进行在线对话，从而减少了多次私人对话的需要及随之而来的不可避免的误解。

此外，你需要建立"和谁在什么时候见面讨论什么主题"的节奏与惯例。项目管理的一种简单方法是每天举行站立式 YTB 会议。为了保持简短，每个人都站着开会，并在 60 秒内总结三件事。

- 他们昨天做了什么（Yesterday，Y）。

- 他们今天会做什么（Today，T）。

- 他们可能有什么障碍（Block，B）：这是他们可能需要你或团队其他成员帮助的地方，作为一个团队，大家可以一起讨论。

你可能只需要每周开一次会，在这种情况下，可以举行 LNB 会议：上周（Last week，L）、下周（Next week，N）和障碍（Block，B）。这些 YTB 会议对混合工作制团队特别有效，有助于整个团队知道各个成员在做什么。这减少了白天的大部分嘈杂沟通，这些沟通通常用于检查各个同事在做什么。作为团队领导者，这对你也非常有帮助，因为通过会议可以得到以下收获。

- 检查每个团队成员是否会做你想要他们做的事情。

- 追究每个团队成员的责任：他们昨天是否做了他们说要做的事情？

- 将精力集中在帮助你的团队获得他们想要的帮助上。

YTB 会议也许不是适合你的解决方案。无论你的解决方案是什么，请确保你有正确的节奏和惯例来控制"沟通猛兽"。

第 4 部分

成功需要的技能：
领导者的知识与技能

如果你看到领导者整天都在做什么，你会发现他们和大家相差无几：他们与人交谈、参加会议、写电子邮件、阅读报告、超负荷工作。身处公司底层的人，很少因为无法处理这些工作而痛苦。但在公司的最高层，风险要大得多，糟糕的会议、报告或电子邮件带来的后果也要严重得多。把平凡的事情做得出色是有价值的。

人们很容易假设自己可以做好这些事情。我们都经过漫长的教育，知道如何阅读和写作，不是吗？作为职业人士，我们知道如何开好一次会议，进行一场演讲，不是吗？

现在想想你收到的那些糟糕的电子邮件和拙劣的报告，想想你希望自己能缺席的会议，想想你必须忍受的沉闷的演讲。看上去好像只有我们可以完成阅读、写作、报告，别人都不行。但是，我们必须谦卑地认识到我们也是"别人"中的一部分。

目前，许多领导者在所需知识和技能上表现糟糕，这是让一些领导者脱颖而出并设定标准的绝佳机会。要做到这一点，我们需要忘记在正规教育中学到的大部分知识。将商务报告写成学术论文固然不是一件好事，但是写出一份充满商业术语的商业报告也同样糟糕。

本书的第 4 部分介绍了如何掌握领导者所需的基本技能：阅读、写作、主持会议、作报告和很好地处理数据。但我们首先要从时间管理开始。时间是你最宝贵的资源，因为它是无法再生的。

第 24 章

利用好时间

时间是我们最宝贵的资源。在工作中，这意味着你必须从战略和战术上思考如何很好地利用你的时间。

你可以通过专注于三个问题很好地利用时间。

- 我想要实现什么目标？
- 我怎样才能让别人帮助我？
- 我的职责是什么？

你对这些问题应该很熟悉，下面我们将一一展开。

我想要实现什么目标

你想要实现的目标是对你的想法的回报。你要知道你想要实现什么，并专注于此。这是让你可以充分利用自己时间的最强大的工具。如果你不清楚你想要实现什么目标，你就没有在进行领导，也会浪费大量宝贵的时间。即使你的想法很清晰，你也仍然要处理日常工作中的噪声，但不要让自己被噪声淹没。

时间利用得好吗

在 19 世纪，一位业余科学家设法搭上了一艘环游世界的皇家海军舰艇。他花了大量时间上岸拜访朋友的朋友，追求自己的科学兴趣。几年后，他回到英国，继续"虚度光阴"。他看起来没有取得多少成果：他从来没有机会掌握参加会议、查看电子邮件、发短信和时刻了解各种新闻的技能。20 多年后，他在别人的鼓励下出版了他那次从容的出行及之后研究的成果——《物种起源》。这本《物种起源》彻底地改变了科学，也永远改变了我们对自己的看法。查尔斯·达尔文在"贝格尔"号上的航海经历是人类历史上最富成果的科学旅程之一。

和当下高管们活力四射、身兼数职的状态相比，达尔文肯定落伍了很多，但他取得了更大的成就，因为他更专注于自己的目标。

千万不要把活动和成就混为一谈。

我怎样才能让别人帮助我

你可用的工作时间只受预算和同事人数的制约。那些试图证明自己并亲历亲为的孤独英雄很快就会身心俱疲，退出战斗。一定要寻求帮助，找到支持，把时间变成你的有利条件。

我的职责是什么

我们已经看到，如果你拥有一个什么都可以替你做好的优秀的团队，那么你会遇到一个问题：你的职责是什么，你在哪里贡献价值？只要能回答这个问题，你就会发现自己其实很高效。一般来说，有些事只有你能做，不能授权给任何人。这些事包括确定方向；挑选、指导和支持你的团队，提供必要的保护；为团队争取恰当的预算和资源支持。

时间策略可以概括为专注于正确的目标，拥有正确的团队且尽到应尽的职责。只要你能做到这些，你就有机会在没有太大压力的情况下不断取得成果。

> **专注于正确的目标，拥有正确的团队且尽到应尽的职责。**

时间战术

时间战术的目标不是在 8 小时内完成 12 小时的工作，而是在 8 小时内实现 8 小时应有的进展。如果你能做到这一点，你将远远领先于大多数同行。在每个工作日中都会有大量的时间被浪费，特别是在办公室工作，其生产效率难以衡量且效率不高的问题容易被掩盖。

利用时间的小建议

1. 设定明确的目标

   知道你这个月、这个星期和今天要做什么。定期回顾你的目标，并确保自己没有偏离目标，据此设置相应的优先级。

2. 保留待办事项清单

   将你的目标转化为今天的行动，然后在一天结束时检查和回顾。确保你正在做高优先级和艰难的项目，而不仅是简单和不太重要的任务。

3. 化繁为简

   重大任务经常让人们望而生畏，所以人们自然会避而远之。但再复杂的任务也可以分解成简单的步骤，先化繁为简，再逐一分解任务。

4. 制定短周期时间表

专注于在 30 分钟或 1 小时内可以做完的事情。也许只是打了一些重要的电话。完成它们后，将它们从待办事项清单中划掉，然后喝杯茶或咖啡奖励自己。

5. 休息

没有人能不停地工作。你需要短暂的休息，这将有助于保持体力和精力。每小时休息 5 分钟可以帮助你在 1 小时内有 55 分钟的高质量工作时间。

6. 尽早应对危机

每天都在赶截止日期的生活可能令你兴奋，甚至让你看起来活力四射，但它是在浪费时间，你是在救火而不是取得进步。尽早提前完成任务，你就保持了掌控，并仍然能处理任何最后一刻的紧急情况。

7. 一次做对、做好

返工既浪费时间又浪费精力。将目标设定为一次处理好一份文件、一封邮件，然后着手下一件事。可以用 3D 法则处理每一封邮件：处理它（Deal with it）、删除它（Delete it），或者交给别人处理（Delegate it）。

8. 控制好时间

"时间窃贼"无处不在。在你不便的时候，一些不重要的会议会偷走你的时间。确保在你方便的时候去参加相关的会议，避开其他无关会议。

9. 管理好你的办公环境

如果你身处乱糟糟的环境，你就要花时间去寻找文件，也会因杂乱

> 的桌面分心。
>
> ## 10. 应对问题和挑战
>
> 回顾一下你的时间是如何度过的。记录时间日志，看看你真正做了什么，花了多少时间应对工作噪声，又花了多少时间去主动推动你的计划。根据结果调整你的习惯。

世界上有三种浪费时间的独特方式：办事拖沓、分心分神、身兼数职。

办事拖沓

办事拖沓是指避重就轻，躲避重要或艰巨的任务，只做轻松容易、不重要或不相关的事。自欺欺人地认为自己非常忙碌，却没有取得任何实质性的成绩。你应该坦诚地面对自己的"待办清单"。把艰难的任务分解为简单的步骤会对你有所帮助。

分心分神

若办公技术运用得当，它可以使我们更有效率；若不当，它也会扼杀我们的生产力。社交媒体、新闻推送和买卖物品都会让你分心。更令人厌恶的是办公软件，它们要求我们做不应该做的工作。作为高层，你应该将PPT交给更精通它，可以以更低的成本，更快完成它的员工去做。如果你想花大量的时间做PPT，那么你可以利用工作以外的时间，或找一份全职PPT专家的工作。

身兼数职

身兼数职是行不通的，如果你不信，去街头看看那些一边走路一边发短信的人，他们多半什么都做不好。你只能祈祷不会遇到一边开车一边发短信的人。你可以在一天中管理十个任务，但不能同时执行所有任务。你必须一次处理一个，并在必要时在它们之间切换。你可以按顺序（而不是并行）执行多项任务。

斯坦福大学的研究也支持了这一观点：我们不能一次专注于多件事。尝试同时做两件事将立即使智商降低 15 分，回到 8 岁孩子的智商水平。聚焦很重要。

第 25 章

培养口才

班巴拉人是马里最大的农业部族。他们大多是文盲，但对言语敬若神明。他们认为："言语在头脑中创造了全新的世界，言语使人们做事，言语将人类与野兽区分开。"言语是有力量的。班巴拉人说："应该像铁匠一样精心锤炼语言，像织布工一样精心编织语言，像鞋匠一样精心修饰语言。"毫不奇怪，他们重视人们说话方式中的克制——宁可说得少而精，也不夸夸其谈。

言语在管理界也一样举足轻重。我们在其他章节中介绍了一对一沟通、激励、影响和指导的艺术。在本章中，我们将看到一对多沟通面临的具体挑战。对于新晋领导者来说，这类沟通活动可以让他们充分展示自己，能加倍影响他们在大家心中的形象。有些人对此类活动感到恐惧，只能勉为其难地创造亮点；但那些觉得自己天生就有煽动能力的人往往表现得更糟糕。

学会有效的展示技巧，人人都可以从中获益。

有效表达

众所周知，听众更有可能记住的是你，而不是你所传递的信息。在许多方面，你就是信

> 听众更有可能记住的是你，而不是你所传递的信息。

息。因此，如果你衣冠不整、形态佝偻，只会喃喃自语，那么无论你的信息有多精彩，观众也会对它们充耳不闻。相比之下，如果你能记住交流中的三个"E"，那么再枯燥的信息也可以引人入胜。

- 活力（Energy）
- 激情（Enthusiasm）
- 兴奋（Excitement）

正如即兴演讲很难排练一样，这三个"E"也很难假装出来。但是有很多事情可以支持你，这些"应该做的事"包括以下几点。

- 扔掉文稿：拿着稿子上台演讲会让你显得非常僵硬。在更糟糕的情况下，会让你显得像个政客。比较好的方式是记住开头和结尾你要阐述的内容，保证头尾足够精彩。同时，在中间加入一些精妙的短语，将每个短语作为联系上下文的标记。这样，你既可以保持文稿原来的结构与顺序，也可以让演讲自然流畅。

- 不要使用复杂的幻灯片：如果你要使用幻灯片，原则上是使用比较简单的幻灯片，同时你的表达要足够精彩。幻灯片可能只有三四个关键词，让听众知道你的进度，而你负责解释它们。如果反之，幻灯片花里胡哨，演讲者笨嘴拙舌，那就是一场噩梦了。

- 站姿要重心前置：最好让鞋后跟与地面之间可以放入一张纸。重心后移会让你显得无精打采、缺乏活力。

- 在上台之前尽量站着：如果你在演讲前一直坐着，你的整体活力度就会下降。你可能会经历肾上腺素猛增，结果身体出现过度补偿的现象。

- 要吸引听众：要和听众保持眼神交流，不要一直盯着前方的空间。伟大的美国传教士葛培理（Billy Graham）在这一点上做得很好。即使面对一千个听众，他也会从中挑选出某些个人并和他们对视，让他们觉得他是在单独对他们说话，这样就没有人敢打瞌睡了。

- 不断改变语速与音调：说到重点时，要敢于将语速放慢，要让听众有时间听到重点。

- 信息要简单：最多着重传递一两个信息。如果听众很多，将焦点放在一两个高管身上。这样一来，你可以集中注意力去传递信息，扔掉多余的素材，讲述一个简单的故事。

如果增加另外两个"E"，会让这三个"E"更加精彩：专长（Expertise）和乐趣（Enjoyment）。如果你是你的演讲主题的专家，你更应该放松自己，从自己的演讲中得到乐趣。如果你自己都不喜欢自己的演讲，就更不要指望听众从中获得乐趣。你不妨做一个实验：试着给人介绍你们组织中成本分配系统的运作方式，看看自己会不会比听众先睡着。然后试着讲述你个人生活或职业生涯中最难忘的事，你会非常自然地展示五个"E"：活力、激情、兴奋、专长和乐趣。这个简单的实验足以说明，我们人人都能成为好的演讲者，只须将技巧转移到大舞台。

进行演讲

1. 展示出活力、激情和兴奋

   如果你对你的话题缺乏激情，那听众更不会有激情。享受你的演讲过程，你才有机会让别人也从中获得乐趣。

2. 有针对性地发表演讲

   清楚你正在和谁说话，他们需要听到什么，以及他们为什么需要听。

这样你就可以减少并简化你需要传递的信息。如果听众比较多，要将信息集中在你最希望影响的人身上。

3. 讲述一个故事

告诉你的听众"这是我们的现状，这是我们的目标，这是我们达成目标的方式"，从一开始就把故事讲清楚。坚持围绕一个人人都能理解的简单主题展开演讲。

4. 吸引听众

每次演讲至少要吸引一名听众，与之进行眼神交流。最好可以和听众进行互动，并回答他们的问题。开展一些小组活动。

5. 保持简洁

演讲不是非要说完一切才算完整，只要保证核心信息可以传递给听众就好。

6. 摒弃幻灯片

如果非要使用幻灯片，那就尽量成为聪明的演讲者：用简单的幻灯片配合绘声绘色的描述，而非反之。

7. 在准备的过程中寻求帮助

找一位指导者，告诉你听众会是什么人，以及他们想要了解的内容是什么。请一位编辑审阅你的幻灯片。如果有必要，接受演讲技巧方面的培训，并请人帮你修改演讲稿。

8. 练习、练习、再练习

熟能生巧。同样的内容练习了很多次后，你的信心与专业度会逐渐提升。你可以放松下来，并从演讲中得到乐趣。

9. 提前到达演讲地点

要确保所有后勤工作和会场布置没有任何问题。准备一台备用电脑或 U 盘。与主办方最后一次核对演讲内容是否符合听众期待。弄清楚在你的演讲开始前发生过什么事，如有需要调整你的内容。

10. 善始善终

写好一段开场白。这样，无论你有多紧张都可以有一个好的开端。

写好一段结束语，将结尾带入高潮，而不是用"还有问题吗"收尾。

在中间加入一些精妙的短语作为联系上下文的标记。

第 26 章

让会议发挥作用

会议是工作或责任的绝佳替代品，也体现了管理的本质——消耗时间，影响深远。因此，举行有效的会议是值得的，因为这样可以尽量减少时间的浪费并产生最大的影响。现在，想想你必须参加的会议中真正高效的占多少。如果你很幸运，你参加的会议都是高效的，请直接跳转到下一章。你更有可能像大多数管理者一样，将一天中有限的时间都耗在了低效会议上。

会议就像形状各异、大小不一的甘草什锦糖，既有非正式的一对一会议，也有大型会议；既有董事会的正式决策会议，也有同事之间的头脑风暴。简明起见，我们不在这里探讨各种会议的形式。

高效的会议一般都遵循三个原则。

- 正确的目标
- 正确的与会人
- 正确的流程

对于高效会议流程的描述多如牛毛，我们还是聚焦"正确的目标"和"正确的与会人"这两个方面。只要可以实现这两方面，你就成功了 80%；

但如果两者都没有实现，你就会百分百失败。我们将在线下会议的背景下讨论这些原则，然后再来探讨线上会议面临的特殊挑战。

正确的目标和正确的与会人

在开了一整天无聊的会议后，我的导师之一迪恩看起来非常高兴。我问他怎么了。他应该看起来和我一样不开心才对。他解释说，无论他是主持人还是参与者，他对所参加的任何会议都应用三项原则，这总会帮他有所收获。从那时起，这些原则就成了我的指南，以确保会议具有正确的目标和正确的与会人。适用于任何会议的三项原则如下。

- 我想了解什么？
- 我将贡献什么？
- 接下来会发生什么？

让我们来看看迪恩的原则如何应用于参加和主持各种会议。

参加会议

迪恩带着自己的明确议程参加了全天会议，这与官方议程几乎没有关系。他想和三个人交谈，但他们都很难见到。他想从他们那里得到一些信息和看法。这是他的"了解"原则。他还意识到，这次会议让他有机会在一个议程项目上影响 CEO。他等待时机，然后在一个重要问题上发声。因为他很少发言，所以当他说话时，他会吸引大家的注意力。他由此实现了"贡献"原则。带着明确的了解和贡献目标，他与 CEO 还有想要与之交谈的三个人进行了一系列后续交流。其他人离开会议时都非常沮丧，因为在正式议程中没有取得任何成果。迪恩却很开心，因为他去参加会议时带着明确的意图和目的，而且达成了目的。

主持会议

迪恩也将他的三项会议原则应用于他所主持的会议。他用原则决定谁应该出席。他希望每个人都能做出贡献，通过跟进和了解一些有用的东西展开后续行动。大家能用多种形式为会议做出贡献，比如拥有决策权、拥有专业知识或拥有他们可以贡献的资源等。

抵制住参会人数"越多越好"的诱惑，人数越多，效率越低。高层管理者希望自己的下属也能参会，因为下属了解实施的细节；下属自己也希望能借助参加会议与高层人士有所接

抵制住参会人数"越多越好"的诱惑。

触。如果高层管理者不掌握细节，他们就不应该参加会议。他们或许根本不应该成为高层。

即使在高层的会议中，你也能感受到"人越多越安全"的心态。通常，讨论会变成 CEO 和各位董事之间的一系列一对一讨论。每位董事都是"共进退互保协会"的成员。协会的唯一规则是"如果你不践踏我的地盘，我就不会践踏你的地盘"。因此，根本不存在集体讨论。相反，这是每位董事和 CEO 玩的一场你来我往的智力游戏，其他董事则一边观战，一边等待自己的过招时刻。

迪恩不允许这种情况出现。他不仅将三项原则应用于整个会议，也应用于每个议程。如果一个议程最好以一对一的方式处理，他就不会把它带给更大的小组。这样，他的会议规模都不大且非常高效。同时，每个人都知道会议与自己有关且会很高效，所以他们都特别重视会议，会专程来参加。

正确的流程

确保正确的与会人和正确的目标至关重要。它还有助于确保会议拥有正确的流程。

高效的会议遵循与广播电台"只讲一分钟"的游戏相同的规则。游戏的目标是让人就某个特定的主题说一分钟，但是中间不能出现拖沓、跑题或重复。这是非常困难的。同样的规则也应该适用于会议流程——不能拖沓、跑题或重复。

拖沓

会议有拖沓是因为开始得太晚了，高管们总是姗姗来迟，以此表明他们非常忙碌，他们的时间比你的更重要，所以你可以等待。

他们也许只是在回复邮件或练习班卓琴，即便如此，他们仍然希望你能等待。这种无礼行为在客户拜访供应商、专业人士拜访客户、呼叫中心员工回应呼叫者、管理者对待他们的员工时很常见。我们要学会去适应。或者，我们可以在办公室放一个挂钟，让那些不知羞耻的人感到内疚。作为领导者，你应该以身作则：时间是宝贵的，每个人的时间都应该被尊重。

> **你应该以身作则：时间是宝贵的，每个人的时间都应该被尊重。**

拖沓还因为会议安排松散。尽量缩短会议时间，以便加快节奏。不一定非要坐下来开会。

总有些时刻，你绝不能拖沓，也不能因为会议被迫中断而受到干扰。领导者应该保持专注。我在马尼拉学到了这一点，当时那里恰好经常停电。第一次停电时，我犹豫片刻，但这大错特错。第二次停电时，我继续发言，仿佛什么都没有发生，于是讨论得以在一片漆黑中继续进行。

跑题

跑题是会议拖延的常见原因。人们经常偏离主题或纠结于细节。一个好的主持人应该杜绝这种情况发生。如果你在会议开始时设置了"只讲一分钟"的规则，那么质疑跑题者就变得很容易，你甚至可以在会议期间记录每个人的发言时间。这样至少可以让大家先报出自己要讲的标题，再讲内容，就像总览新闻专栏那样。如此一来，大家只要听到标题，就会知道内容是否值得一听，也迫使发言人在跑题前思考自己到底想要表达什么。

重复

重复通常发生在发言人认为他们没有被正确倾听的时候。所以，他们一次又一次地回到同一个话题，不断重复。听众不断转动的眼球和每个人脸上怀疑的表情强化了发言人的信念——人们没有理解。不要在别人重复时翻白眼，把发言人的话换个说法解释一遍，证明你听到了他们的发言，他们可能会因此闭嘴。如果他们再次提出相同的观点，请重复你的解释。这样，即使是最迟钝的参与者也应该意识到他们已经被听到了，他们只是在重复自己的观点。

正确的环境有助于打造正确的流程。黑暗、闷热的房间不利于会议进行。房间的座位布局也不必遵循原有方式。负责安排会议多年，我已成为一名家具搬运方面的专家。人们的就座方式也会影响会议的活力。有茶和咖啡是很棒的，但是会议室的后面传来饭菜的香味，听众很快就会溜走。找出最佳的后勤保障方案，确保会议对你和与会者都有价值。

让混合会议和远程会议发挥作用

混合会议与线下面对面会议并无优劣之别，它们只是存在一些差异。挑战在于充分利用这些差异。混合会议的一些好处如下所示。

- 更容易让合适的人加入，无论他们身在何处。
- 更有可能按时开始和结束。
- 介入往往更加深思熟虑、结构化和重点突出：可以减少随意闲聊。
- 分组管理起来更容易、更快捷。

但许多人发现，视频会议带来了很大的压力，这并不奇怪。你可能在会议的大部分时间里都看着自己，这是很不自然的。你上一次参加会议却一直面对自己的脸是什么时候？当你看着你的同事时，他们似乎扑面而来，因为他们的脸在屏幕上与你如此接近。同时，我们倾向于从一个 Zoom 会议直接跳转到下一个 Zoom 会议，而没有休息，这也是非常不自然的。在办公室工作时，你通常有 5 ~ 10 分钟的会议间隔时间。那不是浪费时间，而是非常宝贵的时间。在你从一个会议走到下一个会议的过程中，你会做成很多事情：你从上一个会议中解脱出来；你在心理上为下一次会议做准备；你可以去休息室喝杯咖啡；你可能会和走廊里的同事快速聊天；你花一分钟与其他与会者预览重要议程项目，以创建同盟或减少对手；而在精神上，你让自己容光焕发。当你从一个视频会议无缝衔接到下一个视频会议时，这些都不会发生。视频会议看起来非常高效，实则降低了效率。

除了效率低下，视频会议还面临一些结构性挑战。

- 在会议开始前或结束后很难进行非正式对话，它通常是完成最重要事情的机会。

- 真正的线上线下混合会议，有些人线下参加，有些人线上参加，这意味着线上与会者是"二等公民"：他们无法掌握桌子周围的非正式肢体语言，发现自己更难介入。

- 更难进行头脑风暴从而产生创意。

- 更难建立信任和投入情感。

在实践中，就像你对其他任何会议一样，你应该对混合会议问同样的三个问题：我想了解什么、我将贡献什么，以及接下来会发生什么？下面的专栏中的内容概述了混合会议新兴的十大最佳实践。

让远程会议发挥作用

1. 目标是进行 50 分钟的会议，而不是 1 小时。这让人们有时间休息、打起精神和准备下一次会议。

2. 开着摄像头，这让你看起来很投入。关闭摄像头相当于头上戴着纸袋参加会议。如果你的摄像头关闭了，就没人知道你在做什么，大家可能都认为你在练习班卓琴，或者把你的行为想象得更糟。

3. 找到静音按钮并使用它。没有人真的想一直听你的洗衣机噪声，或者宠物和小孩的吵闹声。

4. 调整屏幕视图以满足自己的需求。你真的想整天看着镜子里的自己吗？如果你不想，你可以在屏幕视图中隐藏自己。当你这样做时，你无法检视自己，但你会发现你更专注于你的同事。

5. 通过改变你的背景建立情感连接，以展示你想要展现的个人生活。通过背景让人们好奇：这意味着你们将开始一个非正式的对话，作为交换，他们也会向你展示自己。这是在尚未谋面时了解他人的好方法。它还建立了情感纽带。一位 CEO 抱怨说，当人们居家办公时，她发现解雇他们要困难得多，因为很明显，她会严重扰乱某人的生活。

6. 使用聊天功能。这是在正式会议程序之外亲自联系同事、提出问题并检查他们的观点和立场的好途径。

7. 避免线上线下混合会议，即有些人在办公室，有些人在线上：这不是一个条件对等的环境，最终两类与会者参加的并不是同一个会议。

8. 为正确的渠道选择正确的主题。头脑风暴和提出想法最好面对面进行，而相对正式的会议既可以线上也可以线下进行。

9. 请仔细准备。在远程会议中，主动介入要困难得多。提前确认你想在哪里施加影响。做好充分的准备意味着你需要发起那些在面对面前后发生的非正式对话：在虚拟会议开始前或结束后及时、直接地给关键参与者打电话来确认他们的观点。

10. 确保你已为会议进行专业的布置。在疫情早期，让幼儿在视频会议中频繁出镜是很可爱的，网络信号不好也很容易得到谅解。但现在，远程工作已经成为惯常，你在家中的办公水准需要与办公室的专业水准相当。

第 27 章

高效书面表达

与"军事情报""社会服务"和"总部支持"等词语一样①,"出色的商务写作能力"也是一个矛盾语。它绝对是一个"照我说的做,而非照我做的做"的例子。我们很难比自己喜欢的作者或编剧写得更好,但我们可以提高自己的写作能力,以免让同事们也忍受那些他们总是强加给我们的废话。

多年来,有位编辑一直反复打磨我的作品,并给我重大的打击。最终我明白了,他发现我总是违反五项原则,时至今日,也依然如此。

- 为读者而写作。

- 讲述一个故事。

- 保持简短。

- 内容和风格积极向上。

- 用事实支持论点。

知易行难。要遵守以上五项原则,需要经受严格的训练来培养专注力。

---

① 还有:可控混乱、便捷付款、集体责任、委员会决策、工作保障、美食比萨、无酒精啤酒、客观意见、魅力冒犯和快速修复。——作者注

为读者而写作

面对每天如潮水般涌来的电子邮件，你可能偶尔会想：为什么要把时间浪费在这么多琐事上？其中很多邮件并不是写给你的，你被抄送只是"以防万一"，但有些邮件明显是写给你的。即使这些邮件写得很差，充斥着拼写和语法错误，你也愿意去阅读，因为它们与你的需求和兴趣相关。好的作家会把自己放在读者的位置上，为读者而写作。在这种情况下，文章就会逻辑清晰、重点突出。你可以放弃很多本来要表达的内容，专注于读者需要了解的内容。避免陷入为自己写作的陷阱。

讲述一个故事

这里的故事并不是字面意义上的故事，比如童话故事或冒险故事。商业术语的"讲故事"意味着把事实集合起来，从而形成一个连贯的主题，有开头（问题或机会在这里），有中间部分（细节在这里）和结尾（那么，我们接下来要做什么？）。

这个故事应该能通过"电梯测试"：在乘坐电梯的几十秒内，你可以向你的老板讲述一个概括好的故事。讲故事的好处在于，它可以帮你消除所有会混淆信息的噪声。

讲故事的好处在于，它可以帮你消除所有会混淆信息的噪声。

想想你每天收到的所有信息——你真正记住的是标题，而不是细节。首先要把注意力集中在正确的标题上，然后把支持标题所需的最低限度的内容集合起来。

保持简短

丘吉尔在战争期间给他的妻子克莱门汀写了一封长信。他在信的结尾处加了一段话:"我很抱歉给你写了这么长的信。我没有时间给你写一封短信。"写短信比写长信难得多,它需要真正的心智训练。宝洁公司是"单页备忘录"的发源地:年轻的品牌助理必须在一页纸上汇总他们负责的品牌在两个月内的全部进展。这张纸上的内容可能是单倍行距且没有边框,但每个人都遵守同样的原则。这一原则迫使作者专注于重要的事情,而不是用不相关的细节混淆读者。

另一件对读者有益的事情是保持单词和句子的简短。专业术语、花哨的词语和复杂的句子与其说打动了读者,还不如说打动了作者自己。文字就像钻石,必须经过精雕细琢才会熠熠生辉。你的作品是否完成取决于它是否一个字都不能被删除。

> **文字就像钻石,必须经过精雕细琢才会熠熠生辉。**

内容和风格积极向上

相比于问题和困难,人们更愿意听到机会和解决方案。你的行为举止和表达都要积极。典型官僚主义文章的陷阱是以第三人称和被动语态进行描述:"经确认,以下 27 点被认为是……"这样会使你因感觉乏味而眼神呆滞。

用事实支持论点

警觉的读者都会有"废话探测仪",它只要碰到模糊的词语就会发出刺耳警报，这类词语包括以下三种。

- 重要（对谁重要，为什么重要？）
- 战略性的（确实非常重要）
- 紧急（对我来说不紧急）

除非你有论据来佐证，否则避免使用模糊的词语。如果你说某件事重要，你必须说明原因。用事实支持论点还包括运用文字说明、例证和参考资料。没有论据支持的论点时刻都会受到质疑。

第28章

为洞见而阅读

我们遇到了一个问题：你正在阅读本书，但既然你已经开始阅读，为什么还要学习如何阅读呢？

消遣性阅读和学习性阅读有着巨大的差异。即使你不是个"受虐狂"，我也希望你能从阅读本书的过程中得到一点乐趣。但是我将假定你是为了学习而阅读本书的。我对你深表同情，为了表达歉意，让我来给你讲一个故事。

带着偏见去阅读

那是一间老式的合伙人办公室，我们都坐在一起，所以知道其他合伙人在做什么；我们不需要电子邮件，因为我们可以听到别人在说什么。大多数合伙人都思维敏捷，只有萨利姆是个例外，他的反应慢得就像一头缓缓前行的三条腿的骡子。然而，员工们都喜欢他，认为他比我们其他人更聪明。这让我们感到非常恼火。

有一天，我注意到萨利姆在做一些笔记，我问他在做什么。"有一些合作伙伴马上要来。他们要给我看一份文件的草稿，我还没有看到。这是他们的小测试，看我是否能提供有价值的反馈，也看我是否足够聪明，能理解他们精彩的草案。"萨利姆回答。

我思考了一下。我一直认为，合作伙伴带来的草案是让我们测试他们的机会。后来我意识到，萨利姆是对的：他们也在测试我们作为合伙人为其增值的能力。我问萨利姆，既然他事先没有看到草案，为什么还要做笔记？

"简单，"萨利姆说，"在看一份文件或听一场演讲前，我总是记下三件事。首先，我记下自己对这个主题的看法。我不想被他们的内部逻辑左右。他们的逻辑越好，找出问题就越难，除非你自己已经有明确的观点。我在阅读时不全盘接受别人的观点，而是带着偏见去阅读。这使我成为一个更好的批评家。"

"哎哟。"我心下一惊。我在阅读时总是喜欢接受别人的观点，而且总觉得自己很难超越呈现在自己面前的那种出神入化的内在逻辑。我问他还记下了什么。

"其次，我记下了我期望看到的所有主题。这有助于我发现那些最难发现的东西——那些不存在的东西。当我看到那些隐藏的脱节之处时，他们总是大吃一惊。"

"最后呢？"我问。

"我快速记下我想和他们讨论的任何辅导要点，"萨利姆回答，"这可能关于写作风格、技术分析、数据呈现等。他们喜欢我给他们提供一些实用和积极的东西，让他们回去后能进行改进。"

我突然意识到，我从未真正学会阅读。我阅读时就像一个空的容器，等着被别人的想法填满。从社交的角度来看，用这种方式来阅读小说确实令人愉快；但是套用管理学的术语，带着偏见和计划去阅读才会有所收获。

- 了解你的观点。

- 知道你所期望的内容。

- 准备好一些辅导要点。

当然，你不可能这样处理你收到的每一封邮件，而且你可能不想用这种原则破坏阅读的乐趣。但是，如果会议、演讲或文件很重要，那就要好好准备一下。当然，在你阅读文件或听演讲时，你可能会发现其他东西，但至少你现在是带着明确的意图进行阅读的。

当然，那些已经带着明确意图阅读的人可能会想，为什么这个介绍阅读的部分缺少一个关键部分：快速阅读的技能。这是因为我对阅读有"偏见"，与其多而泛，不如少而精。

第 29 章

处理好数字

管理者使用统计数据如同醉汉使用灯柱——用于支持，而不是得到光亮。经过处理的数字可以用来支持商业案例。数字很少是客观的，它们都可以被编造和操纵。政客们比任何人都清楚这一点。

管理者使用统计数据如同醉汉使用灯柱——用于支持，而不是得到光亮。

数字游戏的巅峰是电子表格。在电子表格出现前的日子里，高级管理者可以通过检查初级管理者的计算结果恐吓他们。高管们会迅速将几列或几行数字相加，如果数字之和不等于 100，就会开始调查。电子表格已经消除了这种形式带来的恐惧。分析电子表格不再需要运算能力了。大多数电子表格的运算能力比大多数管理者的更好，运算速度也更快。虽然数字可能是正确的，但背后的思考往往不是那样的。处理好电子表格需要出色的数学能力，但更需要杰出的思维能力。

许多电子表格都是从页面右下角倒推制成的，人们希望看到的结果是右下角的总数。如果电子表格的目的是展示 15% 的利润率，或 1000 万英镑的利润，那么结果总是 15% 的利润率或 1000 万英镑的利润。为安全起见，结果可能更多一点。我们使用电子表格改变假设值，直到得到正确的答案。

　　审查电子表格需要的不是数字化思维，而是挑战其背后的逻辑。下面是你应该经常提出的三个问题。

　　1. 风险投资人的问题

　　这个电子表格背后的人是谁？如果你相信它背后的人，就会相信电子表格里的数字。一个二流的电子表格或提案如果来自一个从未让你失望过的一流的管理者，其价值就远远超过一个二流管理者所制作的一流的电子表格。如果你需要介绍某个电子表格，那么让一些一流的管理者来支持你才是对的，你需要借用他们的信誉。

　　2. 银行家的问题

　　每当测试电子表格中的一些敏感问题和假设时，你都会遇到一些经典的"如果……会怎么样"的问题。先从大的假设开始：利润率、增长、市场规模、成本、所需资本。不要理会诸如咖啡机的成本等细节问题（除非你的业务是销售咖啡机）。即便你可以通过证明别人的这些小假设不准确，来显示自己非常聪明，这些细节也不会影响分析结果。

　　3. 管理者的问题

　　每个职能部门或业务部门的经理都知道他们业务的关键比率和关键数字。这些神圣的数字可能与产量、利用率、每单位成本、利润率或其他任何指标相关。你要知道你的业务的关键预算数字。检查电子表格，看看这些数字是否反映了你所处的现实。如果这些数字似乎与现实毫无相关性，那你就需要开始问一些探究性问题了。

　　这些问题都不需要运算能力，但确实需要清晰的商业思维。哪怕你再讨厌数字，只要问题问得好，人们就会认为你是电子表格世界中的权威人士。

第 5 部分

成功需要的技能：
21 世纪的领导者

很显然，我们正处于领导力革命中。21 世纪的领导不同于 20 世纪的领导，这场革命虽然也涉及技术，但更多涉及的是工作性质的改变。疫情的暴发和远程工作的兴起并没有引发这场革命，但它们大大加速了这场革命的进程。

领导力革命的核心是命令和控制的终结。在过去，领导者通过他们控制的人成事。现在，你必须通过你无法控制的人或不想被你控制的人成事。失去强大的控制力会改变领导者的一切。疫情推动了这种对控制的挑战。如果办公室里的专业人士不想被控制，或者当你一天中大部分时间都看不到他们，也听不到他们说话时，就更难控制他们了。

当你甚至不知道你的团队成员是否穿着裤子时，何谈命令与控制呢？

领导力革命有四个基本驱动因素。

- 劳动力的专业化：教育水平达到前所未有的高度——员工做得更多，对他们的要求也更高。旧的模式是老板出脑力，员工出体力。这显然不再适用目前的情况。作为一个领导者，你不能要求员工忠诚于你，你必须赢得忠诚。

- 员工的选择：终身雇用制已经结束。家长式的公司和"一个公司就是一座小镇"已经成为历史。公司可以要求员工忠诚和投入，但它们不会表现出来。员工现在可以做出选择，如果他们不喜欢为某家公司或老板工作，他们可以找到另一家公司或老板。领导者已经失去他们的强制力。你必须依靠影响力和说服力。

- 全球化和专业化：从前，公司就像中世纪那些被城墙环绕的城市，里面有维持生活的一切。但随着全球化的发展，专业化也来临了。企业只专注于自己擅长的事情，其余的都外包出去。这很有效率，但也意味着，作为一个领导者，你必须依赖你无法控制的合作伙伴、供应商和渠道。

- 精益型组织：过去那种按职能排序的金字塔组织消失了。我们都在某种形式的矩阵中工作，依靠同事的帮助才能成功。成功是建立在影响力、说服力、信任和偶尔的争斗之上的。

领导力革命的结果是领导力的性质正在发生变化。你不太可能在一家公司拥有稳定的职业生涯，让你的权力随着晋升越来越大。相反，你将不得不做以下事情。

- 当你从一家公司跳槽到另一家公司或创建自己的公司时，管理你自己的职业生涯。
- 学习和更新你的核心技能，与公司保持一致。
- 用影响、说服他人的能力和建立有影响力和信任的关系网的能力取代命令和控制技能。
- 用人际关系和政治管理技能取代已经过时或被人工智能（AI）取代的专业技术技能。
- 适应模糊性、变化和挑战。无论技术人员还是传统的管理人员，都不能很好地应对这些问题。
- 学习如何领导那些不想被管理的技术精英。

21世纪的领导力比过去的领导力更具挑战性，也更有价值。本部分将向你介绍如何迎接21世纪的挑战。

第 30 章

领导专业人士

在过去，领导者被认为是房间里最聪明的人。好消息是，你并不需要成为房间里最聪明的人，你的工作是让最聪明的人来到房间里。如果你的工作做得好，你早晚领导那些和你一样聪明甚至比你更聪明的人。你会领导专业人士。

> **如果你的工作做得好，你早晚领导那些和你一样聪明甚至比你更聪明的人。**

专业人士的崛起彻底改变了领导力的性质，领导力从命令和控制转向协作和承诺。

管理专业人士的第一个挑战是专业人士不喜欢被管理。许多专业人士对他们的管理者并不尊重。他们认为管理者通常会妨碍自己做好工作，并认为如果换成自己来做管理者的工作，自己可以做得更好。

第二个挑战是所有专业工作都是难以量化的。它们不像衡量你在一天中制造或销售了多少小部件那么简单。如果你必须写一份报告，那报告也是可长可短的：总有另一个事实等着你去发现，或另一个观点等着你去概括。在这种情况下，进行绩效管理变得非常困难。

但也有好消息。大多数专业人士都非常专业。他们会致力于做好工作，而且大多数人都非常投入，都想取得更大的成就。他们可能要求很高，但也能取得很多成就。鉴于此，以下十种方法可以帮助你管理专业人士。

1. **拓展他们。** 专业人士天生就是不断追求成果的人。让他们超越自己，不断学习和成长。无所事事的专业人士会非常危险：他们会变得暴躁。

2. **确定方向。** 专业人士不尊重软弱的管理者，所以你要确定一个方向，明确你将如何达成目标，并坚持不懈地为之努力。

3. **保护团队。** 把团队的主要精力集中在他们能做出改变的地方。让他们远离政治、日常琐事和公司的噪声干扰。如果你做得好，他们会对你心存感激。

4. **支持团队。** 帮助团队取得成功：保证他们拥有正确的资源、支持和目标。

5. **表示关心。** 在每个团队成员身上投入时间——了解他们的需求和期望，在他们的职业旅程中帮助他们。

6. **避免"惊喜"。** 不要在考核的时候给你的团队"惊喜"：这会让你失去所有信任。尽早进行艰难的绩效谈话，以便让他们能尽早改进。

7. **认可他们。** 专业人士自尊心都很强，你要满足他们的自尊心，当众表扬他们做得出色的工作。永远不要在公开场合贬低他们。艰难的谈话应该私下进行。

8. **充分授权。** 如果可能的话，将一切都授权给团队。不要让他们把问题反馈给你。指导他们解决问题，他们会从中学习，成长为更有价值的团队。

9. **设定期望值。** 有些专业人士希望能马上获得回报，还有一些人希望回报更多，获得回报的速度更快。任何关于奖金和晋升的暗示都会被视为 100% 的坚定承诺。因此，你在信息传递中要立场明确、前后一致。

10. 减少管理。信任你的团队。实行"走开式管理"。使用微观管理表明你对团队缺乏信任，这会让专业人士不满。相信你的团队，他们能应对挑战。

归根结底，管理专业人士的艺术是少管理，多领导。

少管理，多领导。

第 31 章

管理你的上司

以往，你必须管理的是你的团队，但现在，你可能不得不管理你的上司——这种想法似乎是荒谬的，但又是革命性的。上司发号施令，你接受命令。这种信念仍然反映在管理文献和培训计划中，这些文献和培训计划侧重于阐述领导者应该如何管理团队。但是，如果你今天想成功，你就不能再依赖上司的善意来度过你之后的职业生涯。你必须管理你的上司，以确保得到正确的任务、正确的支持和正确的晋升与成长机会。

如果想变得更高效，你就必须好好管理你的上司，他们手中的权力能让你一帆风顺或度日如年。你应该知道他们是你职业生涯中最重要的人。不幸的是，并没有一本关于上司的用户手册，你也不能退回一个不完美的上司。鉴于权力的不平等，你有责任弄清楚如何使你与上司的关系发挥作用。你必须适应你的上司，而不是反之。在实际工作中，你花在管理上司身上的时间比花在管理团队成员身上的时间要多得多。这很合理，毕竟在你的福利待遇和职业生涯方面，上司比任何一位团队成员都重要。你尽可以放心，你的下属也会花大量时间和精力琢磨如何管理好你。

学会管理你的上司是对你的领导能力的考验。

学会管理你的上司是对你的领导能力的考验：

这是极端情况下的领导力。你必须学会在没有正式控制力的情况下进行管理，尤其是当风险很高时，这是没有安全网保护的领导力。如果你能很好地管理你的上司，那么你就可以把大部分经验教训应用到管理你的团队和其他同事上。

从理论上来说，你应该能通过和上司一起坐下来并正式交换期望的方式对上司进行管理。双方列出对业绩的预期和各自期待的工作方式。同样，从理论上讲，世界上所有人也应该能和平共处。我们都知道，现实与理论相去甚远。无论你的上司是什么样的人，你都必须负责管理好你们这段重要的关系。

你需要遵循以下三条主要原则。

- 调整你的风格。
- 建立信任。
- 有一个备用计划。

调整你的风格

你可能喜欢或不喜欢你上司的风格，但可以肯定的是，上司不会改变他的风格来适应你。如果你不喜欢你的上司，那就是你的问题。如果你的上司不喜欢你或你的风格，那也是你的问题。不管怎样，你必须想方设法迎合上司的风格。这并不意味着你必须模仿你的上司，如果你的上司是一个精神病患者，那么你试图让自己成为一个精神病患者是没有意义的。

公司的员工手册会告诉你一切，除了你最想知道的——如何管理你的上司。你必须为自己制定规则，然后采取相应的行动。例如，如果你的上司是晨型人，而你喜欢睡懒觉，那么你必须做出选择：要么睡懒觉，要么按上司的习惯工作。如果你的上司使用演绎思维（从原则到行动的工作方式），那么你的归纳思维（从证据到结论）就有可能使上司分心。虽然你们的思维方式可能互补，甚至可以让工作更高效，但你需要说明自己的方式，并与上司保持一致。

上司和下属之间的冲突通常与风格有关，却被上司伪装成"绩效问题"。如果你们在风格上发生冲突，那么上司对你的看法会发生改变。大多数时候，上司希望支持你——你被认为是无辜的，事件也会相应地得到解释。

但如果存在文化冲突，无罪推定很快就会变成有罪推定：上司会对事件做出负面解读。你的功绩将被否定，你的任何失败都会被放大，并被认定为你的错。紧张的局面一触即发。你必须好好表现，但也必须改变自己，以适应上司的风格。

建立信任

这里有一个信任方程式。

$$T = \frac{C \times I}{R}$$

方程式表明，信任（Trust，T）是可信度（Credibility，C）、亲密度（Intimacy，I）和风险（Risk，R）的函数。在你与上司相处的过程中，这个方程式可以用来说明以下三点。

- **亲密度**：不仅要表明你和上司有同样的价值观和工作重心，更要让他知道你是忠诚的。在实际工作中，大多数错误是可以被原谅的，但背信弃义除外。背信弃义不仅包括主动破坏上司的大事，还包括你没有在上司需要支持时去支持他，抢了他的风头，公开责怪他。

- 可信度：最终你需要靠业绩证明自己。如果你的无能已经尽人皆知，那么无论上司有多喜欢你，你都必须走人。这意味着你需要尽快与上司进行艰难的谈话。如果你的上司给你一个项目，你认为自己无法在规定时间内完成，要立即与上司沟通。不要在事后找借口并试图重新谈判。如果项目出了问题，也请尽早告知上司，以便采取纠正措施。面对一些上司，这样做可能很难，因为他们信奉的原则是"不要给我带来问题，给我带来解决方案：你是一个解决问题的人而不是一个带来问题的人"。这正是苏格兰皇家银行在崩盘前的文化：没有人敢指出坏账的问题，直到纸包不住火了，政府不得不使用纳税人的钱帮助该银行摆脱困境。可信度的关键在于设定期望值，并按照这些期望值来实现目标。

- 风险：上司讨厌突发情况，因为发生突发情况表明上司未能控制局面，这对上司非常不利。帮助你的上司始终保持控制。不仅要更新项目，还要共享信息。上司最讨厌的情况是在同事面前因为不知道理应知道的情况而尴尬。

有一个备用计划

你的首选方案是和上司搞好关系，但同时你需要一个备用计划，以防你和上司相处不愉快。

在首选方案中，你需要知道如何有所作为。帮助上司的一种方式是清除日常工作中扯皮的事，处理组织中的日常噪声。你可能不会因此得到太多赞誉，但如果你的上司被卷入这样的小事，他就会批评你。如果这就是你所做的一切，那么你将成为团队中一个有价值但不重要的部分——你不会被视为领导者。要成为领导者，你需要找到一个可以让自己有所作为的项目，一个让自己声名鹊起的机会。这可能很难，并超出了你的舒适区。但这种项目恰恰能让你学到东西，快速成长。

> 你需要找到一个可以让自己有所作为的项目，一个让自己声名鹊起的机会。

你还需要一个备用计划。如果没有备用计划，你就会完全依赖你的上司。这是大多数博士生的命运，他们发现自己成为导师的契约劳工，他们的整个未来都取决于导师。如果你有一个强大的上司，值得你信任并高度支持你，也对你关爱有加；同时即便下一次组织架构重组发生，也不会让这位上司走人，那么你可以依赖他。但这种状况也很难长期维持。

备用计划主要是指在公司内外建立人际关系网络。在工作中，你的人际关系网会告诉你谁是好上司和哪些是好项目，哪些上司和项目是死星①。不要让自己听命于组织正式的任务分配系统，要让你感兴趣的上司和项目负责人注意到你，知道你的价值。一旦死星出现，就赶紧穿上哈利·波特的隐形斗篷，让外人看到你在目前的岗位上已经过度劳累，而且不可或缺。把你的

> 要让你感兴趣的上司和项目负责人注意到你，知道你的价值。

人际关系网络扩展到工作生活以外，认识一些业内同行，其中有些可能是你以前的同事。如果你被辞退，你的外部人际关系网络就是你的安全网。65%到 85% 的工作岗位是通过人际关系网络而非猎头或招聘公司获得的。

作为一名教练，我曾听到许多客户抱怨他们的上司。最终，你必须对自己的事业负责。你要么适应你的上司，要么找到一个可以与你合作的上司。一味抱怨上司虽然解气，但毫无用处。

---

① 死星（Death Star）指电影《星球大战》中的超级武器，代指强大、可怕。

第 32 章

在组织各个层级建立影响力

以前的管理是通过他人实现目标的。在 21 世纪，管理变得更加有趣，也更具挑战性。管理现在是通过不在你控制范围内的人，甚至你不喜欢的人来实现目标的。之前，管理者控制着他们实现目标所需的资源。但在一个充满扁平化组织和外包工作的时代，领导者不再能控制他们取得成功所需的资源。领导力所面临的挑战提升了管理所面临的挑战难度：领导者必须把他们无法控制的人带到那些人自己无法到达的高度。

> 领导者必须把他们无法控制的人带到那些人自己无法到达的高度。

那么，怎么去影响你无法控制的人呢？最简单的答案是通过金钱或"狐假虎威"进行间接控制。金钱力量不言自明：只要你有预算，你就可以让那些不归你管的人为你工作。"狐假虎威"是指施以某位高层领导的权威：大领导想要这个，你必须服从。专业人员经常使用这个套路：你必须这样做，因为健康、安全、法律或人力资源部门说你必须这样做。金钱和"狐假虎威"都只能在短期内起效——别人会照办，但是不会真的听命于你。

"狐假虎威"的游戏只能玩到一定程度。它会让人对你产生反感，最终他人也会以其人之道还治其人之身。金钱的作用也是一样的，所以你需要寻找其他方法来树立和维持自己的影响力。

有两个工具能帮助你树立自己的影响力。其一，你需要一个清晰而相关的计划；其二，你需要与重要的人建立信任关系。我们在前面的章节已经谈及，在接手新的团队时，手头有一个清晰的计划有多么重要。当你在更大的范围树立影响力时，这一点同样适用：你需要一个计划。

如果没有人知道你在做什么，那么谁也不会关注你。如果你正在推动一个与整个组织密切相关的重要计划，那么没有人会忽视你。一个清晰的计划至少在四个方面对你有帮助。

- 它为你提供超越自己业务单元的可见性。
- 它让你能决定参与哪些战斗以及避免哪些战斗。
- 它告诉你需要影响谁并将其拉入自己的阵营。
- 它帮助你专注于真正的优先事项。

反过来说，缺乏一个明确而相关的计划意味着没有人关注你，你不知道哪些战斗需要参与，不知道该影响谁，也不知道你的重点是什么。清晰度至关重要，相关性也很重要。在这种情况下，相关性会引出一个问题：我的计划与谁相关？如果它与看门人相关，那么你可能需要与一位懂得感恩的看门人一起工作。如果它与 CEO 或董事会相关，你会突然发现整个组织正在从业务机制上采取行动来支持你的计划。好好选择你的计划。

如果你有钱、有计划，也能"狐假虎威"，那么他人会愿意服从你的命令。从本质上讲，你只是与同事进行一系列交易，并在交易的过程中使用这些工具达到自己的目的。但是很多时候，你手边可能没有这些工具，这时你无法强迫别人听命于你，你需要得到其他人自愿的支持，成为人们想要追随的领导者，而不是人们被迫跟随的领导者。

建立信任

这就是信任的重要之处。你有没有为你不信任的人工作过？你可能是不得已而为之，因为这就是生活，很少有人会主动选择这样做。

一旦拥有了信任，你就从只能通过交易获胜，转变为通过某种关系获胜，这种关系能在困难时期为你提供支持。那么，你如何成为值得信赖的领导者，如何建立信任呢？

有一个简单的办法可以用来检验信任，第31章我们也用这个办法管理过你的上司，公式如下。

$$T = \frac{C \times I}{R}$$

$T=$ 信任，$C=$ 可信度，$I=$ 亲密度，$R=$ 风险

现在让我们忘掉公式中虚无的数学精确性，它所表达的是：你与他人的亲密度（你们有共同的兴趣、需求或价值观）和你的可信度（你言行一致）越高，他人就越信任你。但信任会随着风险的增加而减少。我们将看到如何运用每个元素与同事而不是上司建立信任。

风险

信任并不是一个开关。我们的信任度随着风险水平的上升而下降。你可能会相信一个陌生人的指路，告诉你如何去最近的邮局，但如果你相信一个陌生人并将自己的毕生积蓄托付给对方就是不明智的。我们可以将这个简单的道理应用于职场。

首先，要接受一个事实——信任是逐步建立的。当你刚开始在一个新的工作场所工作时，没有人真正了解你。你必须一步一步地证明自己，信任就

是这样建立的。不要过早地要求别人信任你，先表明你在小的事情上是可以信任的，慢慢地，别人也会开始在大的事情上信任你。

其次，你可以尝试降低一些想法和建议中的风险。许多想法被扼杀不是因为它们是坏主意，而是因为别人认为它们是有风险的。因此，消除其中的风险——比如，仅要求批准某个项目的第一期，然后参考类似想法的成功案例，证明想法没有风险；还可以通过说明这个想法已经得到其他关键人物的支持来消除个人和政治风险。

亲密度

利用人际亲密度确保晋升，虽不光荣，但确实由来已久。使用这种方法虽然可以成功，但在这种情况下的亲密度并不是我们所谈及的亲密度。亲密度是我们尝试建立信任关系时可以尝试的任何东西，涉及你与对方有着共同的价值观、兴趣或需求。这意味着在认识某人之前，有必要花点时间对他做一番研究：脸书、谷歌和共同的同事都是信息源。你应该可以借此找到一些你们之间的共同点。

当你和他人第一次见面时，最初的几分钟他们不会和你聊太多，似乎浪费了时间。这种看似随意的闲聊，往往只涉及他们工作过的地方和以前的同事，目的是找到双方的共同点和相似的经历。

我们都对亲密度有需求，但这恰恰与多元化相对立，因为我们都只相信和自己一样的人，我们会假设自己了解对方的思维模式。这样做的结果可能是根据人们的出身及背景，而不是根据优点来雇用和提拔他们。如果你的背景和同事不同，你必须加倍努力工作以建立共同利益的纽带。

正如我们已经看到的，你可以运用另一个秘密武器来建立信任：倾听。你听得越多，你学到的就越多。倾听是另一种维度的恭维——无论我们的成功和辛苦有多微不足道，只要有人对此感兴趣，我们就会暗自窃喜。

> 你可以运用另一个秘密武器来建立信任：倾听。

性格层面的一致性是非常重要的，但你也需要专业层面的一致性。去相信一个负责竞争项目的人是很难的。这恰恰是需要你展现创造力的地方：你需要发现彼此共同的目标。在最基本的层面上，你们都应该致力于公司的成功。但是，正如我们所看到的，任何公司都是培育竞争性环境的温床，所有竞争性项目和它们的负责人都会去争夺同样有限的管理时间、预算和支持。

可信度

如果亲密度的核心在于说话得体，那么可信度涉及的就是言行一致。用流行的行话来说，你必须"言出必行"。我们都喜欢认为我们能说到做到。问题并不在于我们油嘴滑舌，我们中的大多数人并没有打算欺骗同事或让同事失望，但我们最终会让同事失望，其中有两个原因。第一个原因是现实与我们作对。俗话说，"通往地狱的道路是用善意铺成的"。世事难料，工作的优先级发生变化、供应商放了我们鸽子、IT 系统崩溃、运输混乱……总有一些事情可能导致我们没能言行一致。我们知道自己有正当的理由，但同事只知道我们没有说到做到。我们都有一些善于编造各种借口的同事，我们不会信任他们。如果某件事真的很重要，那就让它真的发生，接受借口就是接受失败。

我们没能说到做到还有第二个原因，我们所说的和别人所听到的往往不同。人们只听得到他们想听的话，因此说话时要尽量谨慎。例如，我们可能告诉客户我们会竭尽全力按时交货。当交货延期时，我们说我们按照承诺尽了

> 人们只听得到他们想听的话，因此说话时要尽量谨慎。

最大努力，但客户期望的是准时交货，所以我们失败了，失去了可信度。如果你告诉一个下属，你会把他放在晋升名单上，结果他没有得到晋升，那么你可以证明你按照你所说的去做了：你把他放在晋升名单上了，但这位下属期待的是你会让他得到晋升，而你没有做到。你会因此失去可信度。

我们可以抱怨自己被误解了，但这不是重点。作为领导者，我们的工作是确保我们不会被误解。我们必须清晰地沟通并清楚地设定期望值。只要有疑问，就应该降低期望值。这是我们在与不同上司打交道时都会学到的一个技巧：少一点承诺，多一点交付。在与任何人交往的过程中，这都是一个好的原则。因此，如果我们无法百分百保证某位下属的晋升，那不如向他描绘一幅晋升无望的画面，但答应他你会尽力而为，并且持续强化这个信息。

可信度的重要性毋庸置疑。如果你被认为是不可靠的，人们就不会信任你，就这么简单。即使有一次未能交付也会前功尽弃，它可以消除你在其他事情上所付出的所有努力。没有人会记得你言出必行的那些次，但他们会记得你让他们失望的那一次。你也会清晰地记得让你失望的事，并记得是谁让你失望的。不要成为这样的人。可信度就像一个花瓶，一旦打破，很难修复。

最终，一个人是否可信是他人做出的评判。我们知道自己是可信的和值得信赖的，但我们可能对自己的同事抱有怀疑。我们的同事也是一样的，他们知道自己是可信的和值得信赖的，但同样会怀疑别人，包括你。问题在于我们以我们的意图判断自己，而以别人的行为判断别人。我们的意图可能总是好的，但我们的同事看不到我们的意图，他们只能看到我们的行为。这意味着我们必须加倍努力，设定明确的期望并兑现它们。

> **我们以我们的意图判断自己，而以别人的行为判断别人。**

人气

在整个组织中建立影响力有一条不归路：人气。领导力不是人气比拼，也与政治无关。我们可以从政治中学到为什么领导力不是一场人气比拼。你越是寻求人气，就越是虚弱，越不值得信任。受欢迎的领导者不会做出艰难又不得人心的决定，而是寻求简单的出路。更糟糕的是，软弱的领导者总会随便许诺以获取支持。当这些承诺无法兑现时，他们的信任度就会直线下降。毫不奇怪，政治家是最不受信任的专业人士之一。我们都已经习惯于听到各种没有兑现的承诺。然而，政客们随后百般狡辩，声称他们并没有承诺我们所期待的东西——他们会说这不是一个承诺，而是一个抱负、一个希望或一个目标，但他们就是没有承诺。他们这样做也是在告诉我们，如果我们希望得到别人的信任而不仅是积攒人气，那么，从一开始就必须非常清晰地设定期望值。

正如氪石克制超人①，人气对领导力而言，是致命弱点：它可以削弱领导力。一个想要在团队中受欢迎的领导者会妥协于减少目标、推迟最后达成期限或接受次优选项。当你接受了这些借口，你就接受了失败。作为领导者，你必须准备好就标准、目标和苛刻的最后期限进行艰难的谈话。如果这些艰难的谈话能得到积极的和有建设性的回应，你的可信度就会提高，人们也会尊重你。软弱从来不会帮助你得到尊重。

---

① 在美国 DC 漫画公司（Detective Comics）的《超人》系列作品中，氪石是一种假想矿物，是超人的终极弱点。

第 33 章

影响决策

作为领导者，你不可能自己做出所有决策。有些决策你自己无法控制。在企业全球化和重组过程中尤其如此。你可能发现，对你产生影响的决策是由千里之外的人做出的，他们

有些决策你自己无法控制。

遵循的也是将你排除在外的流程。但这不应该阻碍你去影响对你来说很重要的决策。幸运的是，现在种种迹象都表明你可以影响决策，主要依据来自诺贝尔经济学奖得主，经济学家丹尼尔·卡尼曼（Daniel Kahneman）的研究成果。尽管出生于学术世家，但他的著作为那些注重实践的领导者提供了大量帮助。

下面是一些建议，告诉你如何影响决策，让它们对你有利。

1. 根据你的规矩确定辩论的内容。尽早动手并按照你的计划制定辩论的规矩。例如，月球距离地球是大于还是小于100万英里①？我不知道，但我刚刚将辩论主题确定在 100 万（而不是 1000 万或 10 万）英里左右。

---

① 1 英里约等于 1609 米。

2. 结盟。私下管理分歧。一旦在公共场合产生分歧，大家都会固执己见。尽早与关键人物私下会面，让他们在不丢面子的情况下改变自己的观点，并广泛地宣传达成的一致意见，以赢得支持。寻找强大的支持者来支持你的立场。

3. 逐步达成一致意见。不要立刻提出所有要求，那样会把别人吓到。邀请不同领域（财务、健康和安全等）的人支持你的观点中与他们的专业知识相关的部分。

4. 确认回报的大小。构建一个清晰、合乎逻辑的案例，展示你所提出的行动方案的好处。量化收益并将其一一兑现。

5. 决策制定要对自己有利。让自己的想法与公司的战略保持一致。用大众可以理解的语言表达自己的观点，保持积极向上的态度。

6. 限定选项。不要给出太多选项，那样会造成混乱。如果你提供 30 个选项，必然会造成混乱，决策瘫痪会随之而来。最多提供两到三个选项。通常情况是，选项 A：理想、昂贵和不切实际；选项 B：廉价、令人讨厌，无法接受；选项 C：你希望他们选择的那个。任由人们向你抱怨选项 A 和 B 有多糟糕，然后当他们告诉你选择选项 C 时，你一定要表现出是他们的洞察力和建议打动了你。

7. 将风险和亏损转化为有利项目。让别人看到其他选项比你的想法风险更高。通常，默认选项是"什么都不做"：低成本、低风险和低工作量。你必须证明无所作为是行不通的。

8. 让无所作为变成有所作为。创造特殊环境，让人们更容易支持你的决定。为他们除掉任何后勤或行政障碍。

9. 要坚持不懈。不断重复是有效的。什么有效？重复。重复有效。重复有效。重复有效。重复有效。重复有效。重复有效。重复有效。

重复有效。重复有效。重复有效。重复有效。重复有效。重复有效。重复有效。重复有效。所有伟大的广告商和独裁者都知道，你重复的次数越多，人们就越相信。坚持不懈，永不放弃。

10.适应每一个人。透过对方的眼睛看待世界，尊重他们在物质、风格和形式方面的需求，创造共同的事业，将大家的目标融为一体。

第 34 章

通过倾听施展影响

用心倾听可以带来意想不到的效果。倾听就像真诚的自然流露，很难伪装出来。好的销售人员与出色的领导者也只有一张嘴巴和两只耳朵，但和一般人的区别在于，他们也只以这个比例使用这两个器官。人们喜欢倾听他们真正信任和钦佩的人说话，实际上大多数时候，那个人就是他们自己。只要给他们机会，他们就会说服自己做出让步。

> 出色的领导者也只有一张嘴巴和两只耳朵，但和一般人的区别在于，他们也只以这个比例使用这两个器官。

以下四种情况中的每一种都包括两种方法。想想在每种情况下哪种方法可能更有效。

- 销售电话：花 15 分钟向你的客户宣传新型神器 Sudso 的奇妙之处——它可以秒杀所有竞争对手，然后对它进行推销。当然，客户会提出一千个反对意见，即便想买也会疯狂砍价。或者你让客户谈论他们的情况，并提出问题引导客户关注他们所面临的一些难题，这些难题是 Sudso 可以帮助他们解决的。客户会发现他们需要

Sudso，你可以成为帮助他们解决问题的伙伴。你已经从销售人员转变为合作伙伴。

- 下属的成功：下属带着她成功的消息来找你。你很忙，所以很快地说了句谢谢，并问及她后续的行动和她所取得的成就的潜在风险。她离开时感到有些泄气。或者，你停止写邮件并专注于她。你表达了对她的感谢，并询问她是如何取得成功的——你让她重温并享受自己的成功。通过这样做，她会更多地了解如何才能成功，你也可以知道更多。更重要的是，她会觉得你很重视她，而这只是因为你花时间倾听和提出好的问题。

- 下属面临的挑战：你的员工给你带来问题。你是英雄式领导者，知识渊博，所以你解决了他们的问题，并告诉他们该怎么做。他们离开房间时觉得你很聪明，但并没有自己找到解决方案，只是学会了依赖你——把问题带给你比自己解决更容易。或者，你提出几个问题，让他们自己处理难题，并找出答案。他们现在会全力以赴地解决这个难题，因为他们觉得要自己给出答案。

- 绩效考核：告知员工他们业绩不佳。明确说明哪里出了问题，以及需要采取什么补救措施。看着他们带着退缩、沮丧、愤怒或否认的心情离开。或者，让他们谈谈自己的业绩。提出问题，让他们专注于自己能做得更好的地方，以及思考如何做得更好。看着他们离开，内心保持谨慎的乐观，认为他们会取得进步。他们也会对一个倾听和关心自己的上司心存感激并忠心耿耿。

积极倾听

倾听比说话困难得多。积极倾听需要敏锐的思维和刨根究底的提问。除了用胶带把嘴巴封上，你可以做三件相当简单的事情来培养倾听技巧。

- 转述
- 提出开放式问题
- 听取汇报

转述

转述很简单，还可以迫使你倾听。当别人说了一段话并自然地停顿时，你很容易去分享自己的观点，这是一个一定要避免的诱惑。你应该做的是用自己的语言总结对方的观点。这并不意味着赞同对方，只意味着你理解了他们说的话，你正在倾听。如果你总结得不准确，他们会很快纠正你，你就可以避免误解。如果你总结得很准确，他们会认为你很聪明，因为你理解了他们说的话。随后，他们会大胆地加以补充。转述能在对话双方之间建立理解和尊重。试着做一个简单的测试，用自己的话把本章内容讲述一遍，你会发现自己更容易记住它了。只要你能把它表达出来，你就能记住它。

提出开放式问题

提出开放式问题是一门艺术，我们在前面也曾谈及，现在值得简要回顾一下。正确的开放式问题会让对方以正确的方式关注和反思正确的问题本身。提出开放式问题的关键是鼓励对方给出内容丰富的答案。有一点需要注意：不要问封闭式问题，这会导致你得到"是／否"类型的答案。封闭式问题邀请别人表达立场，他们随即会捍卫自己的立场。不要把人们逼入死角。这一类型的问题通常像下面这样开头。

- "你是否同意……？"
- "我们是否要……？"
- "……是多少？"

如果你知道在讨论结束时会得到这些问题的"正确"答案，那么这些问题可能是可以接受的。如果你得到"错误"的答案，你会发现自己站在了对立面，陷入了一个非输即赢的讨论。

开放式问题会带来内容丰富的答案。避免过早地把人们逼入死角，并允许人们探索各种选项。在你让别人说话时，你们彼此之间也建立了信任。开放式问题通常以下面的内容开头。

- "他们为什么……？"
- "当……时，发生了什么？"
- "你会怎么做？"

无法避免的是，比起直接告诉别人怎么做，让他们说话需要花费更多时间。懒惰和英雄式的领导者会告诉每个人该做什么。多花一点时间，减少一点英雄主义色彩，这么做会更有成效，它能教会人们独立思考，找到自己的问题并找到自己的解决方案。

比起直接告诉别人怎么做，让他们说话需要花费更多时间。

听取汇报

如果参会人员超过两个，请时刻围绕三个问题听取汇报。

- 你在会议期间听到／观察到了什么？

- 他们反应如何？

- 下一步应该由谁来做什么？

这只需要几分钟。但你会发现两个人看到和听到的东西不尽相同。比起做会议记录，这种快速汇报的方式会让你在会议中获得更多有价值的信息和情报。记笔记会妨碍你进行观察，书写会阻碍你思考如何掌控谈话，还会让其他人对你有所戒备。

第 35 章

挺身而出，绝不后退：关键时刻

你不能以发送邮件和出席会议定义成功，这只是你的例行公事而已。在日常工作中，你要处理公司每天出现的噪声，你必须先将这些工作做好才能在组织中生存下去。但成功不是例行公事，而是超越平常。

你的成功实际是由那些关键时刻定义的，在那些时刻，你能看到权力在一些个体间的流动。关键时刻在 21 世纪正变得越来越重要。过去，公司的职能等级制度通常以资历为基础：你服务公司多年，忠心耿耿，从未出错，你就会晋升到管理层。只要把例行公事做好，你不仅能生存，还能取得成功。

但现在，传统的等级制度正在瓦解，凭借资历已成为过去。晋升不再完全依靠资历，也要靠业绩表现。但同时，现在比以往任何时候都更难显示业绩情况，原因有二。

- 责任分担。在矩阵组织中，隐身很容易，但是出类拔萃很难。谁做了什么并不明显，至少在那些与你工作关系不密切的人眼中，你做了什么并不明显。
- 工作越来越模糊。过去，人们很容易判断工作是何时完成的，可以看到生产了多少辆汽车或开采了多少吨煤。但是，管理工作无法用前后一致的、客观的指标来衡量。在一周内，你可能需要准备一份报告，参加一系列会议，同时投身于数月后才能有成果的项目。在这一周结束时，你会知道你是否取得了进展，但证明这一点很难。

在这个时代，人们会依据一些特殊时刻对你进行评判，看看你在这些时刻中是否为人所知，是否可以引领未来。

晋升与关键时刻

晋升是一个关键时刻。你会发现你真正的竞争对手并不在市场上，而是在你旁边的工位上。市场上的竞争对手并不能夺走你的下一次晋升，但你的同事可以。

你可能会发现，决定你命运的是那些你很少能见到的人，比如人力资源部的专家和那些比你高两三级的高管。这些人会看许多晋升的推荐材料，这些材料都在赞美你的同事，他们现在是你有限的晋升机会的主要竞争对手。每份材料都充满溢美之词，在关键时刻，每个管理者都需要证明他们有能力让自己选择的下属得到晋升：失败只能证明他们的软弱，让他们失去所有可信度。对于所有管理者和下属，晋升时刻都是一个关键时刻。

这就是在一家行业龙头公司真实发生的事情。人们无法在一大堆溢美之词中进行甄别。于是，评选小组做了所有人都会做的事情（而这恰恰是所有人力资源系统试图阻止的事情）——他们根据对每个候选人拥有的个人印象来做决定。印象也许来自一个顺利或糟糕的演讲、一次展现出个人风采的会议，甚至可能来自在走廊上的偶然相遇。这些印象左右了人们对每个候选人的看法。如果能在有限的时间和机会中给管理者留下好印象，那么那些溢美之词就会被照单全收，你晋升的可能性会很大，其他人则不会这样幸运。充分利用每一个可以决定你职业生涯的关键时刻，要为它们做好准备。

幸运的是，这些关键时刻中的大多数都是可预测的，这意味着你可以为它们做好准备。以下是十个经典的关键时刻。

1.　**演讲**。在人们忘记了你的演讲内容很久后，他们依然会记得你是什么样的人。如果这就是他们所看到的关于你的一切，那他们对你的看法将就此形成。演讲是你在聚光灯下的时刻。投入尽可能多的时间，以确保自己光彩夺目。

2.　**预算**。预算其实是一份合同。你同意用相应的钱去交付相应的产出。无论你是预算谈判的哪一方，都要确保你可以谈拢。如果你是接收预算的一方，要把你的工作重点放在你能交付的产品上。如果你是给予预算的一方，那么要将团队用到极致，否则他们就会甘于平庸。要运用预算迫使运营方式变得不同寻常：给团队一个挑战，让他们寻找新的工作方式，而不仅是更加努力地工作。

3.　**建立自己的团队**。团队有多强，你就有多厉害。软弱的领导者会雇用软弱无能的下属，用一位老板的话说，"他们不会抢我的风头，比我更聪明，以计谋战胜我"。招募最好的团队成员，要观察以下三点。

　●　品质：你需要一个具有良好价值观和良好技能的团队。

　●　匹配：你需要合适的技能来完成你所面临的任务。

　●　平衡：技能与风格的多样性能带来更好的解决方案和结果。

4. **危机**。没有人知道危机时刻该做什么。这是领导者挺身而出、追随者退后一步的时刻。退后一步并提供分析是安全之举，因为你不必承担任何责任。但在危机中，你需要的是行动，而不是分析。幸运的是，许多危机都是可以被预测的，因为你知道你所在的领域内会出现什么问题。要在你的脑海中为可能出现的问题制订一个应急计划。当危机来临时，你就可以挺身而出。一旦掌控局面，你就能成为领导者，大放异彩。对于有准备的人来说，危机是巨大的机会。

5. **挫折**。危机是由外部力量驱动的，而挫折的责任在于你自己。我们都经历过挫折，我们应对这些挫折的做法影响了我们的未来。有些人放弃了，去别的地方寻求更平静的生活，这当然无可厚非，但这并不是领导者应该做的。领导者需要韧性。最好的做法是承认问题并控制局面——采取行动并解决问题。将事后分析留到以后，或者永远不这样做。

6. **新想法**。许多公司表面上声称他们喜欢新想法，但实际上会采取行动阻止它们。新想法意味着变化和风险。这便留下了一个真空——谁会琢磨出一个新想法并为此摇旗呐喊？先发优势一定是巨大的。如果你是提出新想法的人，你大概率会是领导规划过程并领导实施的人。如果这个想法是一个伟大的想法，你会发现自己正在很高的层面进行领导，要着眼长远，尽早出击。

7. **启动新角色或新项目**。大多数战斗在开第一枪前就胜负已定——准备更充分、占据更好阵地的一方通常会获胜。启动新项目或新角色也是如此。在开始之前，请确保你已经具备成功所需的正确的目标、正确的资源、正确的预算和正确的团队。一旦项目正式启动，你就失去了谈判的权力。

8.　**接受反馈**。没有人喜欢反馈，除非那是赞美和奉承。同样，管理者也不喜欢提供反馈，因为大多数管理者不喜欢冲突，尤其是与自己的团队发生冲突。如果你对反馈意见辩解不休，你就是管理者眼中最糟糕的噩梦，成为缺乏忠诚、咄咄逼人、无法学习或提高自己、无法控制的下属。一旦遇到机构重组和裁员，你会首当其冲。其实，接受反馈意见是表现出好学、主动、积极向上的好时机。你的上司会如释重负，让你继续留在团队中。

9.　**晋升和奖金奖励**。这是你作为领导者要接受考验的地方——你能实现团队的期望吗？这是你必须做到的事，做不到就意味着失去所有的信任和可信度。这意味着关键时刻的真正出现远远早于晋升和奖金奖励。在你与团队设定期望值时，它就会出现。一定要尽早与团队成员就他们的期望值进行艰难但积极的谈话，这比以后未能兑现承诺时再进行类似的谈话要好。不要回避艰难的谈话。

10.　**寻求晋升**。过去，论资排辈的做法意味着你可以等待晋升轮到你。但这一套已经不再有效。如果你想晋升，你必须寻求机会，无论在你目前的公司，还是在外部。如果你被拒绝了，那你可以借此机会询问未来需要具备什么条件才能获得晋升的机会。这样你就能消除猜测，并知晓通往成功的路径。如果你不提出问题，你就得不到答案。要大胆地询问。

第 36 章

扮演好自己的角色

2017 年夏天，英国议会发生了一场小革命。下议院议长宣布，国会议员在国会大厦内不再需要打领带了。领带的"霸权"最终被推翻了，至少在理论上是这样。

古往今来，雄心勃勃的领导者已经发现仅做正确的事情是不够的，人们还必须扮演好自己的角色，风格与内在都很重要。这或许并不公平，但成功也并不总是公平的。这就是为什么国会议员要系领带：根据 IPSOS-MORI 真实性调查，政治家是全球最不受信任的职业之一，而领带给他们披上了他们渴望的受人尊敬的外衣。

在现实中，我们评判别人不仅是根据他们做了什么，也会思考他们是如何行事的。我们会记得与我们合作过的好老板和坏老板，不仅因为他们取得的成绩，也因为他们对待我们的方式。

扮演一个角色和观察一个角色的规则会随着时间和环境的变化而变化。在一些更传统的公司中，员工仍然被要求穿正装上班，但这在硅谷会显得非常不合时宜，因为那里的每个人都遵循同样严格的着装要求，那就是极其休闲。每个领导力俱乐部都有其无形的规则，这些规则必须得到严格监督与执行。作为领导者，你必须自己发现这些规则。

领导力是一种表演。你如果要去扮演一个角色，就应该知道扮演这个角色的要求是什么。对你的角色的要求分为两部分：对演员 / 领导者的普遍要求和你所参演的戏剧 / 工作的公司的具体要求。对领导者的普遍要求可以被视作职业操守，这是你作为领导者在任何时候都必须满足的最低要求。

> 你如果要去扮演一个角色，就应该知道扮演这个角色的要求是什么。

培养职业操守

想象一下，你去参加一个会议并准时到达。你要会见的人迟到了 15 分钟，穿着破旧。他把脚放在桌子上，在你和他说话时，他大部分时间都在查看和回复短信，你会作何反应？你很有可能会对他产生不好的印象。这个人这样做可能有很充分的理由，他可能在其他地方遇到紧急危机，抽出时间见你已经很给面子。但是，如果他能更专业一点，你可能会有更好的反应。

培养职业操守不仅是给自己定下标准，更是给别人树立榜样。这样会让别人更容易和你沟通，你不希望他们因为你的行为或外表而分心。

> 培养职业操守不仅是给自己定下标准，更是给别人树立榜样。

当公司想要就职业操守方面制定要求时，其结果常常让人泄气。你可能会看到一份要求逐项打钩的表格，内容涉及裙子的下摆线和领带。你只须遵循一条金科玉律就能为自己定下更高的标准：己所不欲，勿施于人。下面这些情况可以作为参考。

- 令人讨厌的行为举止：周围人的哪些行为会让我讨厌？我是想随波逐流还是制定更高的标准？

- 尊重：我最尊敬的人是谁，为什么？我能从他们的行为中学到什么，我想成为那样的人吗？

- 着装要求：比我高两级的人如何着装？我是想被视为该群体的一员还是另一个群体的一员？着装是标签性的，它显示了你属于哪个群体。

- 会议：会议的准则是什么——及时性、贡献性等？

- 电子邮件、短信和电话：我应该隔多久回复，我应该如何回复？正式与非正式的程度应该如何？错别字、表情符号要如何处理？

- 闲聊和玩笑：与其他形式的交流一样，假设你最不希望听到你说什么的那个人听到了。

行动中的职业操守

我坐火车从伦敦到纽卡斯尔。我听到旁边一张桌子周围的几个人在谈论他们要去参加的会议。他们正在推销一些广告，而且知道这些广告不符合标准。他们的创意人员没有履行职责，于是引发了这场危机。他们正在研究如何让客户接受他们在最后一刻拼凑在一起的东西。

他们没有意识到他们正在谈论的是与我的一位同事的会面。我比他们更早地到达了办公室。然后，他们在会议前神秘地迟到了 15 分钟，而我向我的同事介绍了我所听到的情况。90 分钟后，这家广告公司的人离开了会议，面如死灰：他们刚刚失去了这笔订单。

在公开场合讨论机密并不是好的职业操守。

人们在面对职业操守问题时，经常犯两类错误。第一类是将其简化为手册和一项"打钩练习"。作为领导者，你应该坚持比手册要求更高的标准。第二类是立即接受你周围人的文化。如果你的同事穿着破旧，或者喜欢品头论足、说其他同事的坏话，你不必非得和他们一样。通过设定更高标准，你可以凭借积极的方式脱颖而出。在最坏的情况下，接受文化规训意味着你最终会接受不道德或非法的标准，我们在银行业接连曝出的丑闻中能看到这一点：伦敦银行同业拆借利率操纵案、外汇操纵案、PPI（支付保护保险）不当销售案等。

学好你的角色

除了职业操守的通用规则，你还必须弄清所在组织的具体规则。当你发现这些规范时，你必须决定你想多大程度上遵循它们。如果你发现自己不喜欢这些文化规范，你可能身处错误的组织中。即使你是 CEO，你也很难改变文化。当一个伟大的领导者加入一个糟糕的组织时，丝毫不受影响的是组织的名声。

以下是你可能需要考虑的一些规范。

- 风险：你是应该敢于冒险还是将风险降至最低？
- 适应性或一致性：你是应该使自己适应环境还是按部就班？
- 行走或奔跑：这是一个快节奏的组织还是一个更加深思熟虑的组织？
- 行动与思考：它们之间的正确平衡是什么？
- 大局观或细节：它们之间的正确平衡是什么？
- 客户服务或利润最大化：在危机中，谁是第一位？

唯一正确的答案是什么在你的世界中行之有效。在飞机制造的过程中，生命安全依赖于完美的精确性。在教学中，从来没有完美的一课——房间里有 30 个孩子，你必须学会快速适应并独立思考。你没有时间提供完美的计划。

第 6 部分

最后一块拼图：
提升你的内在修为

最优秀的领导者往往不是最富有经验的。这个说法要辩证地看待。

随着你在职业生涯中的进步，你会逐渐成为舞台中央的焦点。你过去的任何小缺陷都会被放大。你未必缺乏经验，你只是更容易被公众舆论瞄准。

即使是最优秀的领导者也有明显的缺陷。他们之所以成功，不是因为他们专注于弥补弱点：成功是因为所有最优秀的领导者都聚焦自己的优势。因为领导力是一项团队活动，所以他们可以通过建立团队来弥补自己薄弱的地方，让自己专注于发挥优势。

最优秀的领导者也有秘密武器。他们的行为因想法而与众不同。幸运的是，他们在思维方式上的与众不同始终如一。第 6 部分概述了最优秀的领导者的七种思维方式，以及领导者共同拥有的极端面。

把思维方式想象成思维习惯。我们都有已经养成且让自己感到舒服的思维习惯，但有时我们的思维习惯也会像我们的节食或锻炼习惯一样让自己失望。第 6 部分主要介绍了如何学习更有效的思维习惯。你不需要在所有习惯上都做到完美。即使是一两个习惯的适度改进，也可以产生很大的不同。目的不是改变你，而是帮助你成为最好的自己。

第 37 章

追求星辰大海：远大抱负的力量

设置很低的目标会让你弄巧成拙：如果你的目标是有一点成就，你就只会取得很少的成就。很少有领导者会承认自己的目标很低，但追求远大的抱负并不能保证成功。我们都梦想着有一天能实现目标，而面临的挑战在于将梦想变为现实。

在实践中，最优秀的领导者对远大抱负的看法与一般优秀的领导者不同。一般优秀的领导者可能希望改善业务：他们可能追求运营中的零缺陷和百分百的客户满意度。这些虽然都是很好的目标，但本质上是管理目标，而不是领导力目标。它们只能改善目前的局面，而不能继往开来。

最优秀的领导者追求卓越。他们通常有一个愿景，即不仅把事情做得更好，还要以不同的方式做到。数字时代的所有伟大企业都由雄心勃勃的领导者开创，如社交媒体巨头、亚马逊、特斯拉、苹果、PayPal 以及新经济的所有其他领导者。他们不满足于改进旧的行事方式，他们想创造一种全新的行事方式。

最优秀的领导者符合基辛格对领导力的定义：带领人们取得他们自己无法取得的成就。他们也成功地做到了 IPA 计划的第一部分：有一个激进而雄心勃勃的想法。

远大的抱负建立在四个简单的习惯之上。

- 聚焦未来
- 专注目标
- 有选择地不通情达理
- 置身于正确的情境

聚焦未来

从理论上讲，所有管理者都应该着眼于未来。但在实践中，许多人会一边开车一边紧盯后视镜。公司的各种报告系统总是聚焦已经发生的事情，而不是将要发生的事情。这样，人们就会很自然地回顾过去，去问："我们怎样才能改善这一点？"这是很好的管理能力，但不是伟大的领导力。

所有管理者和领导者都必须关注领导力时钟，这是一个虚拟时钟。初级管理者看到的是秒针，他们非常专注于让事情在今天和下周之内发生改变；更多高级管理者关注的是秒针和分针，他们正在思考未来一两个季度内如何做出改善；而最优秀的领导者会看秒针、分针和时针，他们可以应对当下，也愿意展望未来，并为公司和自己设立愿景。真正的改变需要时间。

培养聚焦未来的好习惯，从去问"如何改善今天的业务"到去思考"如何创造一个不同的、更美好的未来"。

专注目标

"专注目标"这一主题把我们带回到 IPA 计划。你需要一个独特的想法——你将如何带领人们取得他们自己无法取得的成就。优秀的管理者和领导者会掌握业务的节奏和规律，并改进它们；而最优秀的领导者会改变节奏和规律：他们的关注点从流程变为目标。

你那石破惊天的想法应该让你在组织内外引起注意。一个伟大的想法可以使你很快成功，或很快失败（与更谨慎的同行相比）。但即使是挫折也是有意义的——通过每次挫折，你会了解什么有用、什么没有用，并建立再次尝试的信心。大多数企业家在成功前都失败过很多次，而大多数最优秀的领导者在他们辉煌的职业生涯中也经历过许多失败。正如一位领导者所说："我始终在尝试。最终，我成功了。但使我成功的运气是通过反复尝试和反复失败创造出来的。"

培养专注目标的习惯，从去问"我能做到这一点吗"到去思考"我怎样才能做到这一点"。坚持不懈地问"我怎样才能做到这一点"，直到你找到一个可以让你采取行动的答案。

有选择地不通情达理

通情达理的领导者总是会听同事说有些事情是不可能做到的，或最后期限需要延长，或目标需要调整。借口总是存在，当你接受借口时，你就接受了失败。

最优秀的领导者不理解"不可能"这个词，也不接受失败。相反，他们只说自己"暂时"没有成功。"暂时"在领导者的字典中是最有力的词之一，它把失败当作迟到的成功。"暂时"允许你再试一次，并开始寻找另一种实现目标的方法。

它把失败当作迟到的成功。

　　这可能会引发令人不舒服的讨论，许多数字经济的伟大领导者都在合作问题上声名狼藉，因为他们的要求过高。比如苹果的创始人史蒂夫·乔布斯，公众对他的评价是一个"天才和混蛋"。试图模仿他的领导者通常把后半部分模仿得惟妙惟肖。你不需要模仿史蒂夫·乔布斯，也不需要成为天才或混蛋，因为大多数改变你的团队或业务部门的想法都显而易见：只要问问你的同事、供应商和客户，当他们站在你的立场时，他们会有什么想法。

　　对于目标，最优秀的领导者不会妥协，但他们对达成目标的手段要求非常灵活（他们不在乎你如何达成，只要你能达成），并会高度支持试图达成目标的团队。

　　这种"不通情达理"的习惯把每个反对意见和每声"不"都当作一种挑战，以找到更好的解决方案。

置身于正确的情境

　　我们都倾向于随波逐流。许多最优秀的应届毕业生会被要求最苛刻的研究生课程吸引，这些课程往往久负盛名。他们认为这些课程能让自己学习最多、成长最多。选择期望值低的轻松生活是危险的：你将难以超越平庸。

　　领导者在他们的整个职业生涯中都面临同样的选择：你在关键时刻是挺身而出还是后退一步？在每个组织中，围绕新举措和危机都有无穷无尽的机会，没有人确切地知道该怎么做。生存的方法是退后一步，让别人承担风险：如果事情成功了，你可以立即加入，并分得一杯羹。

　　这些关键时刻就是权力明显发生转移的时候。

　　领导者挺身而出，更谨慎的同事后退一步。领导者无论在组织中处于什么位置，都愿意把自己置于这样一种境地：他们可以有所作为、学习和成长，甚至以承担额外工作和个人风险为代价。

置身于正确的情境这一思维习惯是从问"在这种情况下有何风险"转变为问"机会在哪里"。如果机会足够大，就值得为之冒险。但是，如果你只关注风险，你就会错过太多机会。

第 38 章

敢于成功：如何习得勇气

追求远大的抱负意味着你必须承担风险，这需要勇气。当别人后退一步时，你需要鼓起勇气挺身而出、勇于创新并尝试新的想法、挑战现状、把人们带到他们自己无法到达的地方。

那么，你能习得勇气吗？

乍一看，有些人似乎天生勇敢。他们最终成为冒险家、加入特种部队或成为企业家。但仔细观察，你会发现两个关于勇气的惊喜。

- 勇气是相对的。
- 勇气是可以习得的。

勇气是相对的

一家全球性银行的老板在周二举行了一次有争议的董事会会议。在会议中，他同意了赞助项目的一部分——向贫民区的一所中学讲授一堂关于金钱的课程。为此，他发现自己整个周末都在焦虑。他并不担心董事会会议：他清楚地知道如何处理所有难题，搞定董事会成员。他焦虑的是如何在贫民区和 30 名 16 岁的学生沟通。幸运的是，他可以向一位刚毕业的班主任老师求救：她只有 23 岁，但对处理班级事务非常有信心。

作为赞助协议的一部分，班主任被邀请来与董事会讨论该项目。这一次，轮到她恐慌了：她可以应对 30 个叛逆的 16 岁年轻人，但她到底要如何应对银行业的这些年龄至少是她两倍的资深人士？

勇气之所以是针对特定情境存在的，是因为它是可以习得的。CEO 已经学会如何处理会议室里发生的事，而刚毕业的老师也学会了如何处理教室里发生的事。对局外人来说，这两项活动似乎都是有风险的，但是，如果你已经掌握相关技能，那就只是在相关场景中度过一天而已。

从那以后，我采访了许多明显做着很勇敢的事情的人：探险家、登山者、精英部队成员、高级潜水员。在外人看来，他们都很勇敢，但他们自己并不这样认为。他们对自己的所作所为感到满意，因为他们可以了解并管理自己所面临的风险。如果把他们带出（显然对我们来说是不舒服的）舒适区，他们的勇气就消失了。正如一位沙漠探险家所说："让我在沙漠中放松一下，我就能活下来。让我卖双层玻璃，我一天也活不下去。"

勇气是可以习得的

在一个工作坊上，有人问我勇气是否可以习得。我被难住了，所以我求助于当地的消防队长，他也来参加了工作坊。我问他如何设法让他的消防员去做勇敢的事情，比如冲进火场救人。以下是我所转述的他的答案。

"首先，"他说，"我不想要一个只是勇敢的消防员。一个只是勇敢的消防员会变成一个死去的消防员，这对我来说毫无意义。"听到这里我简直要崩溃了，但随后他给出了解释："我会告诉他们如何处理燃烧的建筑物，开展训练，一步一个脚印。第一天，我们介绍消防员的基本装备，并确保他们知道如何正确佩戴装备。然后，我们向他们展示如何灭锅里的火。再然后，我们向他们展示如何使用短梯。慢慢地，设备变得更加复杂，火情变得更加复杂，梯子也变得越来越长。他们就是这样学会的。"

我还花了一些时间去了解皇家海军陆战队的突击队员们如何做到那些令人难以置信的勇敢和危险的事情。他们是部队精英，往往先陷入模糊不清和不利的境地。

他们是怎么做到的？与消防员完全相同：通过逐步培训。他们的职前培训建议是首先告诉新兵在 8 分钟内跑 1 英里。即使到了老爷爷的年纪，在身体允许的情况下也可以做到这一点；而在培训结束时，他们已经可以做到任何理性的人都会认为非常困难和危险的事情。对我们来说很危险的事情是他们职场中的日常工作。训练比勇气更重要。

在商业世界中，你不需要去战场上消灭敌人，但你确实需要有勇气去做一些简单的事情，比如向高管做一次演讲。如果你想获得领导者的勇气，那就尽早从小事做起。承担小风险并从中学习和总结。如果你害怕做演讲，请从为你的同事做一个毫无争议的两分钟简报开始练习。然后，你可以慢慢尝试在更大的范围内，花费更长的时间就更棘手的主题进行演讲。像消防员一样学习：一次迈出简单的一步，你就可以将有风险的事件转化为日常工作。

第 39 章

保持坚强：如何在逆境中生存

成败一念间，重要的是不放弃。如果你有远大的抱负和勇气，你就会推动你自己和团队不断进行创新和承担风险。在某些时候，你不可避免地会遇到挫折和失败。如果你从未失败，说明你从未全力以赴。

逆境可能是一时的，也可能是持续很久的。一时的逆境是所有领导者都会经历的直接和戏剧性的挫折。长期的逆境更可能让人备受打击——长期的逆境似乎没有尽头。例如，在早期的职业生涯中，你会面临多年的长时间工作和付出辛勤劳动，以学习技能并证明自己。作为领导者，你必须能应对任何一种逆境。你如果了解过大多数领导者的生平，就会发现他们都遇到过两种逆境。丘吉尔就经历了多年的长期逆境，他称之为"荒野岁月"。他也经历了壮烈而悲惨的灾难，比如第一次世界大战中命运多舛的达达尼尔海峡战役。

不同的策略可以帮助你在不同的逆境中生存下来。

在长期逆境中生存

有些国家的教师过得很艰难：低工资或没有报酬，非常恶劣的工作条件和很少的培训等。这让许多教师不再热爱他们的职业。在过去的 10 年中，STIR 教育（我是创始主席）已经帮助数百万名教师、工作人员和儿童在这些不利条件下茁壮成长。这一方案目前正在企业中推广，它基于以下四个支柱，你也可以自己构建。

- 支持性关系（Relationships，R）
- 自主权（Autonomy，A）
- 精通（Mastery，M）
- 目的（Purpose，P）

你可以将此视为 RAMP 原则。如果你能在 RAMP 原则存在的地方工作，那么即使在逆境中，你也能茁壮成长。本节其他部分将详细探讨这些原则中的每一项。此处的摘要旨在帮助你审视自己当前的情况。

支持性关系

分享可以让快乐翻倍，也可以让问题减半。当你有一个支持你的上司和同事时，生存要容易得多。支持性关系将在第 40 章"共同成功：不再做孤胆英雄"中深入介绍。作为领导者，你能做的最简单的事情就是倾听他人。在这个时间紧迫的时代里，倾听的行为可以讨人喜欢：它表明你在乎。但你也需要一个可以与你交谈的人来分担你的负担、分享你的成功。如果你的上司对此毫不在意，那对你来说就会非常棘手。通常，最好的解决方案是在同一家公司或另一家公司找到另一位上司。

自主权

专业人士为自己的工作感到自豪且不喜欢被微观管理。作为领导者，管理专业人士的最好的方法是减少对他们的管理。表明你信任他们：适当地授权，让他们为你服务。大多数人都不会背叛你的信任，他们会迎接挑战。你需要找到一个可以被信任而不是被微观管理的环境。

但是，绝对的自由往往与重大的责任相伴：你必须交付结果。这意味着你们需要就何时向谁交付什么达成明确的协议。

精通

如果今天职位所需要的技能已经让你应接不暇，且你也没有再去为更上一层楼做准备，那么你很难茁壮成长。当你无畏地看待培训和技能时，它们可以为你赋能：帮助你应对其他人会回避的挑战。投资自己，永不停止学习。这将在后面的第 43 章"永不停止学习"中进行详细解释。

目的

历史上不乏人们因为怀有深刻的使命感而在骇人听闻的逆境中幸存下来的故事。这些英雄可能是准备为信仰而死的伟人，可能是准备前往地球已知尽头的探险家，也可能是准备为国家牺牲生命的士兵。但你的目的和使命与你公司的使命并不相同。

我还没有遇到过一位对增加匿名股东每股收益感到兴奋的领导者。精心打造你的工作，使其对你自己有意义。

在艰难的逆境中生存

在每段职业生涯中，都会有事情出错的时候。这是很多人都会面对的时刻。眼前的危机可能会凝聚数月或数年的不满情绪，突然之间，寻找更轻松的生活的想法似乎非常有吸引力。更轻松的生活当然是合情合理的选择，但它会让你远离领导力之路。

战胜艰难逆境的方法与应对危机的方法相同，如第 20 章所述。要回顾一些关键点，请看表 39.1。

表 39.1　处理艰难逆境的方法

可以做	不要做
尽早承认问题	否认问题或回避
掌控局面	成为"受害者"
采取行动	犹豫不决
集中精力把能做的事做好	焦虑于不能做的
寻求支持	独自烦恼

如何应对心中的危机也至关重要。这就是现实乐观主义的重要性（见第 41 章慢慢复苏的悲观主义者的乐观指南）。现实乐观主义不是希望幸运，因为希望不是一种方法，运气也不是策略。乐观主义意味着面对残酷的事实，找到前进的道路，并相信自己会获胜。遵循上述行动将促使你积极思考如何获胜。

常见而致命的选择是反思你的不幸遭遇。这样的选择很容易带来一场灾难。当你在内心喋喋不休地使用负面词语时（如"没有人、总是、永远、不可能、没有……"），灾难就开始了。这样做于事无补。一旦你开始告诉自己"没有人帮忙，什么都行不通，每个人都反对我……"，你会发现有很多证据支持你对世界的悲观看法。对此的解法如下。

- 认识到你正在开启一场灾难；在心底使用负面词汇是值得警惕的信号。

- 与其找到证据来证实你的悲观，不如找到与之相矛盾的证据。
- 侧重于表 39.1 提出的积极行动。

好消息是，逆境会使你更强大。每次你遇到一些逆境并战胜它们时，你都会获得应对这些逆境的信心。一些在年少时一直很成功的人，看起来很强大，实则很脆弱，在现实中第一次面对逆境时很容易一蹶不振。

不要回避逆境：每次面对它们并战胜它们时，你都会变得更强大。正如德国哲学家尼采的那句话："那些打不倒你的，终将使你变得更强大。"

第 40 章

共同成功：不再做孤胆英雄

在影视剧或商业领袖的自传中，经常出现的情节是男女主角或商业领袖以一己之力拯救世界。这显然是虚构的。在现实中，成功从来都来自团队的努力，即便是在网球这样的个人运动中，你也会发现最好的球员往往拥有一支优秀的团队来帮助自己进行训练、搭配饮食、健身、处理代言和后勤事宜。

管理的本质从来都是通过他人成事。作为管理者或领导者，你不能依靠自己完成所有事情，而要通过协调其他人的努力来完成。所有领导者都必须做出的基本转变是从问"我该怎么做"转变为问"谁能做到这一点"。

> **从问"我该怎么做"转变为问"谁能做到这一点"。**

在 21 世纪，管理的本质发生了微妙但根本性的变化。你不再能通过控制他人成事：你会发现你需要通过你无法控制或不想被你控制的人成事。失去掌控改变了一切。

是谁不想被管理呢？你团队中的专业人士可能认为他们可以比你更好地完成你的工作，同时认为你的工作才是毫无意义的。如果你想要成功，你不仅需要通过你的团队交付结果，还需要其他部门同事的帮助和支持，甚至可能还需要你的供应商和客户的帮助和支持。通过你可以掌控的人成事是相对容易的。通过你无法控制或不想被你控制的人完成任务要困难得多。

向混合工作转变的趋势使协作变得更加困难。你不仅要让自己无法掌控的人为你工作，还需要接受他们有部分工作时间不在你的眼前，没法看到他们在做什么。混合工作制为微观管理敲响了丧钟。办公室是控制狂的天堂，因为他们可以随意走动进行干预（"帮助"）。当你无法一直看到你的团队时，要进行干预就困难得多。

领导力和管理终于进入了 21 世纪。旧的指挥和控制技能越来越无效，你必须学习一套新的技能取而代之：建立拥有信任和影响力的人际网络，说服人们，创造人们愿意为你工作而不是必须为你工作的氛围与条件，通过建立同盟实现交付，并获得最高管理层对你的目标的支持。换句话说，领导者已经从控制转向协作。这不仅是一种新的技能，更是一种新的思维方式。真正的领导者会完成这样的转变并获得成功。

本书的第 5 部分（成功需要的技能：21 世纪的领导者）概述了新时代所需的核心协作技能，但仅学习技能是不够的，你还需要有正确的思维方式。旧式的命令和控制思维方式基于等级制度，而等级制度并没有消失：你的预算和控制范围仍然很重要，仍然为你提供了权力的基础。但这并不够。你还需要在组织内外都保持强大，不再被预算和职责权限所限制。这就让你自然而然地建立了你的有影响力和信任的网络，这样你就可以实现交付。

新的思维方式从控制转向协作，从权威转向影响。这就是伙伴关系的思维。你是团队内外同事的合作伙伴，也是供应商和客户的合作伙伴，甚至是高级管理者的合作伙伴。这种思维与等级思维完全相反。与其因为人们比你级别低或资深而束手束脚，不如看看他们如何在帮助你实现目标方面扮演不同的角色。以下说明了你如何运用伙伴关系思维和不同的群体进行合作。

- **团队成员**：如果你用专横的态度对待你的团队，你就不可能从他们那里听到好的建议，更不可能成为他们中的一员或激励到他们。如果你认为自己是他们的合作伙伴，那么你会想要倾听他们的想法；会更信任他们，更多地授权给他们；将更多地充当他们的教练而不是他们的上司。专业人士更喜欢被当作成年人对待，并被充分信任。

- **高级管理者**：等级思维下，高管通常不会被测试或挑战。但是，如果你不测试或挑战，你就没办法阻止偶尔来自高层的废话。伙伴关系思维会让你认识到自己可以提供视角不同的、有价值的看法。高管们可能在山顶寻找通往遥远地平线的路线，但你在山脚下，可以看到身边发生了什么。你的观点和知识同样至关重要。作为高级管理者的合作伙伴，你需要分享你的观点，以便他们做出正确的决策并在必要时改变方向。

- **其他部门**：你最大的竞争对手不在市场上，通常是其他部门的人，他们正在争夺同样的管理预算、时间和支持。但实际上，如果没有你的支持，他们可能无法实现目标，你也需要他们的支持才能实现自己的目标。在这种情况下，你必须建立一个竞争与协作同时存在的艰难的伙伴关系，这个关系的核心是建立信任和影响力的艺术（见第 32 章）。当你们之间建立了信任时，找到共同利益并建立一个共同的目标就容易得多；但如果彼此之间没有信任，你们就要一直竞争和战斗，生活会变得更加艰难。

- **供应商和客户**：传统的卖方与买方关系通常是对抗性的，而且并不高效。越来越多的公司和个人发现，伙伴关系思维更有成效。你和供应商、客户越了解彼此，你就越能提出创新式解决方案来帮助和支持他们。这意味着双方摆脱了关于价格、速度、质量和条款的传统谈判，而达成了可以互相帮助、成就彼此的战略利益。当然最终你们仍将进行讨价还价。但是，协作的方法能使双方创建比只商量价格更有价值的解决方案。

伙伴关系思维使你摆脱预算和在组织架构中的位置限制。作为高级管理者、团队内外同事和其他人的合作伙伴，你可以利用更多资源来支持自己的计划。你会成为人们想要追随的领导者，而不是他们必须跟随的领导者。

第 41 章

看向乐观的一面：
慢慢复苏的悲观主义者的乐观指南

从小我就被训练成一个百分百的悲观主义者，我相信此刻天不下雨的唯一原因是稍后一定会下雨。这是非常不幸的。所有研究都表明，乐观主义者比悲观主义者活得更长，也会有更好的人生。这是一个灾难性的发现：悲观的惩罚是早亡和贫穷。这让我更加悲观和阴郁。谁愿意与悲观和阴郁的人一起工作呢，更不用说这样的领导者了。领导者必须是能传播希望、清晰的目标和确定性的使者，特别是在似乎没有希望、清晰度和确定性的情况下。

那么，如何才能变得乐观呢？

被告知要乐观、快乐或积极是绝对无法让人变得乐观的。你不能从你的团队甚至你自己那里获得乐观。乐观是内在的：它是一种思维习惯。像所有习惯一样，假以时日可以习得它。

你可以学到两种版本的乐观主义。

- 专业化的乐观
- 个人层面的乐观

专业化的乐观

所有领导者都必须时不时地戴上领导力的面具。你内心可能会感到愤怒和沮丧，但将它们表达出来通常会让事情变得更糟。你必

戴上领导力的面具。

须表现出乐观和积极的领导面孔，尤其是在困难的情况下。在轻松的情况下，表现出积极和乐观是很容易的，但那不是人们对你的领导力做出评判的时刻，那些关键时刻才是。

表 41.1 展示了如何戴上乐观积极的领导力面具。

表 41.1　如何戴上乐观积极的领导力面具

不要做	可以做
询问出了什么问题	寻找解决方案
分析过去	采取行动
询问是谁做错了	询问谁能挺身而出迎接挑战
传播焦虑的情绪：关注风险和问题	传播希望：关注机会和结果
批评	赞美
询问这是否奏效	询问如何才能奏效

在压力时刻，人们很容易做出消极行为，因为这非常自然。例如，如果你从不批评，那么你的团队如何提升？实际上，成年人不喜欢被批评，就像孩子不喜欢总被大人唠叨。这样做很少会有好的结果。全国连锁鞋类修理店的创始人约翰·廷普森认识到了这个问题。在拜访各个商店时，他总是携带一堆小奖品并随手相赠，还保证表扬团队的次数是批评他们次数的十倍。后来他发现，即使是十分之一也没有必要批评。如果某件事出了问题，最好与团队合作找到解决方案，而不是批评他们。赞美的习惯是有效的，我们都喜

欢被表扬。在社交媒体上获得点赞是接受赞美的一种强化形式：其结果是多巴胺对大脑的一次又一次令人愉快的刺激。

这些都是在关键时刻可以使用的简单而有用的习惯，即使你是天生的悲观主义者，也可以这样做。通过提出正确的问题，你戴上了人们希望看到的领导力面具。

个人层面的乐观

如果你天生乐观和积极，你就不需要戴上领导力面具：你只须做你自己。如果你本质上很悲观，这里有两个练习可以帮助你以更积极的态度看待世界。

练习一：王子和公主

我经常问大家，他们愿意回到 200 年前过王子或公主的生活，还是生活在今天，并迎接所有随之而来的挑战？乍一听，谁不想像王子或公主一样生活？然而现实是，200 年前没有室内取暖设施、热水和下水道，拔牙时没有牙齿护理或麻醉剂，无穷无尽的可怕疾病无法得到医治，没有现代化的舒适服务，比如互联网、航空旅行和干净的衣服。很快，大多数人意识到，我们今天的生活甚至比 200 年前的王子或公主的生活好得多。我们花了很多时间专注于此刻的糟糕，忘记了今天的一切幸福。王子和公主的练习帮助我们更多地关注现代生活中所有司空见惯的奇迹，并更多地欣赏它们。

练习二："魔法"日记

这个练习已经被反复证明可以帮助人们变得更加积极和乐观。

在一天结束时，写下当天发生的三件好事。写作的行为很重要：它迫使你明确什么是好的事情，并鼓励你对你全天的生活进行回顾和反思。这样坚持一个月，你会开始注意到生活中那些被我们认为是理所应当的美好。

寻找好事的替代方案是找出坏事：反思当天出错或进行不顺利的一切。如果你愿意，你总能找到很多不好的事情。这是给自己带来痛苦的好方法。坚持寻找好事，你会发现自己越来越感激现代生活。

这个练习的变形包括：记录你今天学到的三件事、你帮助他人或被他人帮助的三种方式。和之前一样，它的原理是训练你的大脑更注意观察什么是好事。你的大脑总会提醒你注意问题和风险，在这一点上你完全可以信赖它。白天注意好事会帮助你面带微笑，而不是愁眉苦脸。

第 42 章

相信自己：问责的力量

许多专业人士都害怕承担责任。没有人真的喜欢被追究责任，因为这打开了可能被证明是失败的大门。但优秀的领导者不会逃避责任的话题：他们倾向于问责。问责制通过以下四种形式对领导者发挥作用。

- 对自己的所作所为负责。
- 掌控你的命运。
- 控制你的感受。
- 相信自己。

问责制的这四种形式中的每一种都决定了你与外界的关系。受害者会相信外部力量决定他们的命运和感受。他们没有代入感，没有自我效能感，并相信他们不对生活中发生的事情负责。当事情出错时，我们都会陷入受害者心态：我们相信我们只是残酷命运的受害者。但领导者不是这样想的。苹果创始人史蒂夫·乔布斯有一个著名的"现实扭曲场"观点：他相信他可以弯曲世界，让现实屈服于他的愿望。他通常会成功。

以下是优秀的领导者如何将问责制当作他们工作和生活中的积极力量。

对自己的所作所为负责

这是传统的问责形式，这种形式经常冒犯专业人士。专业人士对自己的工作有信心，不希望他人对他们的工作指手画脚。但专业工作和领导力都有同样的问题——它们非常模糊。身处组织的底层职位时，你会非常清楚自己必须做什么以及何时做。你的职位越高，你拥有的自由度就越大，成功的真实样子就越不清晰。比如你被要求撰写报告，那么你写 1 页或 100 页都有可能。只是无论它有多少页，总会有问题被遗漏，也总会有意见没有被覆盖。面对一个模棱两可的目标，专业人士往往会超额完成、过度交付，于是被压力和倦怠困扰。

明确的目标是解药，可以消除模棱两可所带来的破坏性影响。换句话说，问责制是你的朋友，而非敌人。明确的目标可以塑造你的工作，并允许你与上司进行一次重要的对话：

> 问责制是你的朋友，而非敌人。

"我如何为这项工作的成功做好准备？"这个问题将促使你清楚地知道你需要做什么、为什么你需要做以及如何做。

掌控你的命运

有一本你最好永远都不需要阅读的书叫作《如果你不控制自己的命运，别人就会控制你的命运》。你永远不需要阅读这本书的原因是所有信息都已经在标题中了。如果你在一个糟糕的公司里，有一个糟糕的上司和一份糟糕的工作，那是谁的错？把你的错误归咎于别人很容易，但这是不对的。责怪他人是典型的受害者思维，它会剥夺你的权力。它使你成为环境的受害者，如果你的命运被环境支配，那么你就无能为力了。除了不去责怪他人，你也不要责怪自己。在内心喋喋不休的过程中，你会成为自己最大的敌人，对自己说一些永远不会对别人说的话。学会控制你内心的噪声，让它成为你最好的朋友，而不是你最大的敌人。与其为自己的不幸自责，不如在不幸中学习和成长：了解它是如何发生的，从中汲取教训，然后决定如何处理。这里的问责制意味着保持控制并推进行动。

当出现问题时，掌控自己的命运尤为重要。这时，问责会显得格格不入。你会发现，很多高管和其他员工开始"帮助"你，接管控制权，帮你推脱责任。这不是一个好的结果。再说一次，最好的领导者倾向于问责制。如果有挫折，你需要控制结果并控制对过程的描述。你需要领导事情走向好的方向，向所有人展示你有一个复兴计划，并且让它发挥作用。

即使在最糟糕的情况下，你也仍然可以采取一些措施来开启复兴之路，例如打电话或寻求帮助。重要的是保留对事件的控制，并保持对自己命运的控制。一旦你失去了对事件和叙事的控制，可以肯定的是，新的叙事版本对你绝不会有利。

控制你的感受

让我们想象一下，你度过了漫长而艰难的一天。在一天结束时，一个你不太喜欢的同事出现在你面前，并很有可能是故意来惹你生气的。你完全有权利为此感到愤怒、恼火和不安，但是没有法律规定你必须感到愤怒、烦恼和不安，这是你自己的选择。如果你让自己生气、烦恼和沮丧，你就让自己成为受害者：你允许别人决定你的感受。如果你的感受是由别人而不是由你自己决定的，你就会陷入无效和不快乐的受害者思维。

关键的洞见是你可以选择你的感受。你可以选择乐观或悲观、积极或消极、快乐或愤怒。这些都是个人选择。一旦你知道你可以选择你的感受，并很好地做出了选择，你就被解放和赋权了。对战争期间的囚犯或战争的研究表明，囚犯都忍受着残酷的条件，但每个人的反应非常不同。那些幸存下来，活得最好的是准备面对残酷现实的乐观主义者。他们的乐观不是基于盲目的救赎和释放的希望，而是基于一种乐观主义——相信他们可以占上风。他们会控制他们唯一能控制的东西：他们的感受。

那么，在事情进展的艰难时刻，你如何做出正确的选择呢？"戴上领导力的面具"说起来容易，做起来却很难。简单的回答是"争取时间"。你需要足够的时间来停止你的反射动作（生气），并给自己足够的时间做出深思熟虑的选择。你仍然可以选择生气，但至少你会以可控的方式这样做。我问过许多领导者，他们如何在这些时刻争取时间。

在关于处理冲突的第 19 章中，我们看到不同的领导者有各自不同的策略，在做出反应之前为自己争取两到三秒的关键时间。你用什么方法争取时间并不重要，只要你的第一反应是争取时间，并能对你想要的感受和行为做出选择就好。

相信自己

许多杰出的领导者过于相信自己。他们不仅有优越感，还认为自己是救世主。一些成功的企业家更是如此。他们相信自己永远不会错，也没有人能达到他们的标准。他们通常很难相处。但更常见的问题是"冒名顶替综合征"，有大量的领导者患有这种综合征。他们不确认自己是否适合这份工作，甚至怀疑自己是否有能力胜任新工作。这是一个问题，如果你不相信自己，那么没有人会相信你。

冒名顶替综合征有四种解决方案。

- 获得更多视角。
- 专注于你的优势。
- 建立你的团队。
- 培养选择性耳聋。

获得更多视角

本书一直反复强调，没有一个领导者能面面俱到。没有完美的领导者，只有在特定情境下获得成功的领导者。当环境或条件发生变化时，你就需要一个新的领导者。正如一位年轻的 CEO 直言不讳地告诉我："我曾经对所有年长且非常成功的领导者感到敬畏。然后当我开始了解他们时，我意识到他们都是白痴。他们都在挣扎，就像其他人一样。他们也都是一边摸索一边前进的。那时我意识到我也可以成为一个领导者。"

戴上领导力面具后需要投射信心、乐观和成功，因为没有人愿意追随胆怯、悲观和失败的人。而且，对于许多领导者来说，这是他们学会的行事方式。像其他人一样，他们有过怀疑和不确定，也失败过。他们自己选择了向外界展示什么。这样做的危险在于，我们看着这些行为会认为我们必须完美，只有不断地成功才能成为领导者。而现实情况是所有领导者都会不时地挣扎。

即使你不完美，你也不是冒名顶替者：你就像世界上其他所有领导者一样。但如果你追求完美，你永远不会成为领导者，因为没有人是完美的。把目标设定为足够好，然后在自己的角色中学习和成长。

专注于你的优势

专注于自己的弱点永远无法成功。你能到达当前的职位是有原因的。你有引人注意的优势，你自己也应该注意到它。你的价值在于你的长处，而不是你的短处。

专注于自己优势的方法是找到适合你的优势（而不是劣势）发挥的情境。如果你是一个擅长削减成本的人，那么去做营销可能不是一个好主意，反之亦然。

但是，在某些时候，你需要建立新的优势，而不是仅依靠你现有的优势。你需要为新角色提供新技能，并让自己跟上随着职业发展而不断变化的技能和技术。这意味着你需要不断学习和成长，这是本书这一部分描述的关键思维方式之一。

建立你的团队

本书的一个一贯主题是领导力是一项团队活动。没有领导者能面面俱到，所以你必须围绕自己建立一个团队，团队成员拥有的技能可以平衡你的技能。与其担心你不是营销或金融领域的专家，不如为自己能找到这些领域的专家而高兴。

培养选择性耳聋

反馈可能是残酷的，特别是你申请了一个职位又被拒绝时收到的反馈。它可能并没有给你提供任何帮助，因为你收到的都是你没有得到该职位的各种理由。最大的风险在于你相信了这样的反馈，并在接下来的两三年里试图解决面试小组或你的上司在反馈中指出的你的问题。实际上，你可能只是让自己毫无必要地倒退了两三年。

面试官需要为他们的决定找到一个理由。所以，他们编造了一个自己可能也相信了的故事。这个故事可能反映了现实，也可能没有。你应该听听他们给你的反馈，但不必相信它。创建自己的表述，说明自己需要和想要如何发展，自己的表述对你来说比陌生人的反馈更有用。

归根结底，问责是你的朋友。依靠它，你才能明确自己的目标，选择自己的感受，控制自己的命运。你要夺回对职业生涯的控制权。

第 43 章

永不停止学习：掌握成功的艺术

你在 50 岁时所担任的领导者角色和你在 30 岁时所担任的领导者角色不是同样的角色。随着你的进步，你必须不断学习和适应。这意味着，如果不学习和适应，你就很难晋升。

如果不学习和适应，你就很难晋升。

打个比方，想象一支足球队。球队经理离开了，你是明星球员，所以你被要求承担管理球队的角色。到目前为止，你已经通过努力奔跑、传球、铲球和进球取得了成功。因此，现在你加倍努力去重复你的成功公式：你跑得更努力，传球更多，抢断更多，并尝试进更多的球。然后你被解雇了。出了什么问题？

作为球队经理，你的角色不是成为球队中最好的球员，而是甄选、训练和发展团队并决定战术。管理与运动是完全不同的技能。在体育界，许多最好的经理都是平庸的球员，很少有伟大的球员后来成为伟大的管理者。然而，在商业中，我们却坚持认为最好的球员将成为最好的管理者。

在实践中，每次升职，你都必须学习新技能。对此，专业服务公司从三个层次进行讨论：发现者、看护者和精进者。

- 发现者是专注于获取和保留高级客户关系的合伙人。

- 看护者是项目和团队的管理者，通常是成功的引擎。

- 精进者是整天做重复工作和学习手艺的同事。

发现者、看护者和精进者的技能完全不同，这成了一个问题。作为一名精进者，你将在努力工作和一些洞见的基础上创造出成功的公式。看护者的成功秘诀则不同，这意味着你必须扔掉旧的成功模式，学习新的成功模式。在每个行业中，你都将面临相同的挑战。每次升职后，如果你想继续存活，就必须学习一套新的技能和一个新的成功公式。

你面临的挑战是，随着职业发展，传统培训变得越来越没用。在职业生涯的早期阶段，培训可以帮助你掌握会计、IT、法律或金融等行业的技术技能。但随着你的进步，你的技术技能变得越来越不重要。相反，你必须培养你的人际和政治技能，比如激励、授权、处理危机和冲突、推进你的计划、影响和说服别人。这些都不是可以从有特许经营证或依赖于活动挂图的培训师那里学到的技能（见图 43.1）。

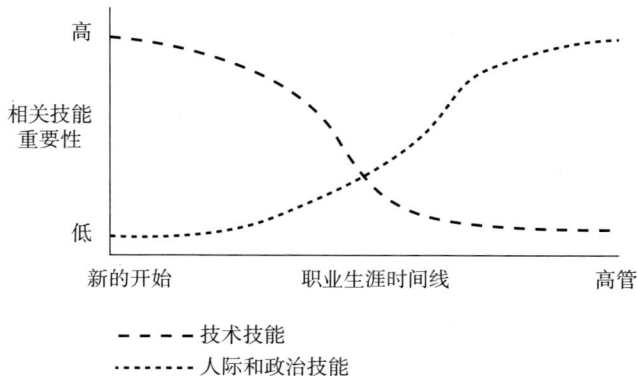

图 43.1 领导者的技能和职业生涯

你需要一些方法来学习领导力的隐性知识。培训课程会教给你显性知识，即应用在你职业生涯早期的重要"诀窍"技能。成功的人际和政治技能是不可能在培训课堂上学会的"诀窍"技能。学习隐性技能的传统方法是通过经验学习，但这种方式极为缓慢又不稳定。

幸运的是，你可以大大加快学习速度。关键在于从每次经历中不断学习。你可以通过在每个重大活动（可能是会议、报告、演示甚至电话会议）后不断问自己两个问题做到这一点。这两个问题是 WWW 和 EBI。

- WWW：什么进展顺利（What went well）？我们都习惯于从错误中学习，然而许多领导者不善于从成功中学习。他们认为成功是自然而然的。当然不是这样。困难总是接踵而至，所以，事情进展顺利就说明你做得很好。找到自己做得好的地方是至关重要的，这样你以后才能不断重复自己的成功。WWW 让你建立起你的个人成功工具包，这样你就逐渐创造了在你的环境中适合自己的成功"魔法"。

- EBI：如果……更好（Even better if）。当事情出错时，我们可以自责。我们可以在内心的纠结中对自己非常残忍，说出我们永远不会对别人说的话。这毫无帮助，就像否认存在问题或只是责怪他人一样。所有这些反应的问题在于我们从中一无所获，所以注定会重复这些错误。从消极经验中学习的积极方法是问："如果……更好。"EBI 模式迫使我们考虑下次可以使用的替代策略，这对我们更有帮助。

当我与高级客户管理人员（销售人员，尽管他们讨厌这个词）一起做这个练习时，他们通常会回到基本原则上。他们从不说："如果我掌握了反向触发器电源关闭，那就更好了。"他们通常会这样说："如果…… 我听得多了，说得少了……如果我问更多的问题……如果我事先做了更多的准备会更好。"你的成功公式也很简单。你不需要学习深奥的人际和政治技巧，只需要掌握一些简单的技能并始终如一地应用它们。

WWW 和 EBI 公式对于你的团队来说也是非常好的训练工具。创建一个团队惯例，让他们定期汇报并从经验中学习。无论运动团队、商业团队还是红箭队（英国皇家空军的精英杂技表演中队），所有高绩效团队都是这样做的。WWW 和 EBI 是处理汇报的一种简单而积极的方式。确保你总是从 WWW 开始，永远不要问与 WWW 相反的问题："出了什么问题？"这是推卸责任和指责的秘诀，没有人会从中汲取教训。

作为领导者，你必须不断学习，不断重塑自己。用未来学家阿尔文·托夫勒（Alvin Toffler）的话来说："21 世纪的文盲不是那些不会读写的人，而是那些不能学习、忘却学习和不重新学习的人。"

第 44 章

控制你的极端面："冷酷无情"

如果你广泛地阅读过关于领导力的文章，你就会发现大多数书籍和文章都关注领导力的积极方面。你也会发现精神变态者成为领导者的情况，但通常情况下，领导者被描述成善良且有道德的人。

有效的领导者并不总是善良的人。即使是好的领导者也有让人感到不舒服的地方。他们通常非常有动力，并专注到痴迷的地步。

多年来，我采访了无数的领导者，发现他们都有一个极端面的特征："冷酷无情"。他们经常对这个词感到无所适从，并坚持认为他们只在需要时使用强硬的"手段"。在绩效方面，这种强硬的手段很重要，特别是如果你是一个真正的领导者，想要带领人们取得他们自己无法取得的成就，你就必须要求团队成员跳出他们的舒适区。作为领导者，你总能听到无法满足最后期限或无法实现目标的原因。如果你"通情达理"，你就会接受这些借口，适时调整目标和时间表。但当你接受借口时，你就接受了失败，也接受了自己表现不佳。作为领导者，你必须毫不让步地坚持你的目标，但这仍然允许你灵活地选择不同手段去支持你的团队实现目标。

大多数领导者之所以发现他们"冷酷无情"，是因为他们非常专注于完成自己的使命。他们会坚持自己的目标，迫使组织和同事发挥自己的潜力，为具有挑战性的问题找到创造性的解决方案。他们强力创新，加快步伐，促进业务以不同寻常的方式发展。

与以往一样，这种对于使命的专注可能剑走偏锋。

你不必做一个无情的人来做无情的事情，但你必须致力于实现一个重要的目标、完成一个重要的使命。然后，你自己会做出牺牲，而且你会期望别人也这样做。

领导者的"冷酷无情"表现在两个主要方面：聚焦目标和聚焦绩效。

聚焦目标

大部分领导者不是天性冷酷。他们"冷酷无情"，是因为他们以使命和目标为中心。如果你的目标是不可更改的，那么就要对如何实现目标保持高度灵活性，对团队的高度支持也是不可或缺的。相反，如果你对目标实现的流程固执己见，在与团队沟通时也很不愉快，那么你不太可能拥有一个积极进取的团队，也不太可能实现目标。

如果你不对使命和目标全力以赴，你就会成为一个软弱的领导者。你会听到很多借口与理由，并据此修改自己的目标。一旦团队成员意识到他们可以通过讨价还价来摆脱承诺，你就打开了闸门。同事们会不断来找你改变他们的目标。请放心，他们不会试图说服你给自己制定更有挑战性的目标。从此你将碌碌无为。

高绩效要求领导者偶尔毫不留情。

聚焦绩效

解雇一个人并不容易。你知道你会严重扰乱这个人的生活。你正在剥夺他的生计，背叛他的信任，损害他的自我形象。大多数（但不是全部）领导者不喜欢解雇员工。但最终，使命是第一位的。

残酷地说，组织的生存先于个人的生存。比如，一位教导主任解雇了一位与她是 20 多年朋友的同事。教导主任很善良，但在工作上"冷酷无情"。我问她怎么能抛弃多年的友谊和信任。她的回答很中肯："我必须决定是改善数百名儿童的生活机会，还是打乱一个阻碍了孩子们的成年人的生活。我必须支持孩子们。"

绩效并非总与实现目标相关，也可以与实现组织的价值观相关。一位 CEO 解释说："我发现我雇用大多数人是因为他们的技能，而解雇大多数人是因为他们（缺乏）的价值观。"他也是个很好的人，但当他的工作需要时，他就会"冷酷无情"。

显然，这是一个转折。很多新任领导者在第一次不得不解雇某人时都觉得非常困难。但后来，他们开始喜欢解雇人。他们发现，当事情出错时，解雇人是推卸责任的最终方法，因为被解雇的人无法回答。这是一种让弱势管理者看起来很强大的方式。

结语　你的领导力之旅

这本书传递的信息异常简单——任何人都可以学会领导，并更好地领导。你不必等到获得晋升才开始领导。无论你今天处在什么职位上，你都可以并应该开始领导他人。领导力无关职位，而在于你的行为。

最出色的领导者在做什么，并不神秘。最终，他们都有相同的计划：想法、人、行动。如果你对未来如何建立一个完美的公司或部门有一个好的想法，那么你已经有一个良好的开端。一个好的想法会给你一个清晰的目标，让你开始控制自己的命运，而不是被外部力量操控；然后，与一个伟大的团队在一起，帮助他们将想法转化为行动。

领导力计划知易行难。没有人具备实现这一计划的所有技能，许多最好的领导者也有非常明显的弱点。没有领导者可以面面俱到。你不需要成为完美的领导者，完美的领导者并不存在。你要发挥自己的优势，成为最好的自己。

领导者可以风格各异——制定适合你的风格，然后将 IPA 领导力计划付诸实践。

作为领导者，与其追求完美，不如寻求改进。

最好的领导者总是在学习和成长。你必须这样做，组织的不同层级对你的期待也不尽相同，你会永远面临新的挑战。这意味着领导力是一次发现之旅，并没有终点。在这次旅程中，请将每一个新的挑战视为学习、成长和发光的机会。

带着勇气开始你的领导力之旅，你将拥有值得记录的五彩斑斓的人生。这样的生活方式会让你喜欢。无论面对的是高潮还是低谷，你都会因此变得更强大。

让自己享受领导力之旅吧。你只会在自己喜欢的事情上日臻成熟。只有当你享受你所做的事情时，你才能经年累月地保持努力。你的领导力之旅对你自己来说将是独一无二的。无论你的旅程是什么，你都要享受它。